COMO SER UM
CIDADÃO?

Cindy Skach

COMO SER UM CIDADÃO?

Seis ideias para fazer a democracia funcionar

Benvirá

Copyright © 2024 Cindy Skach

Copyright da edição brasileira © 2024 Benvirá, um selo da SRV Editora Ltda.

Uma editora integrante do GEN | Grupo Editorial Nacional

Todos os direitos reservados, incluindo o direito de reprodução integral ou em parte, em qualquer forma.

Título original: *How to be a Citizen: Learning to Rely Less on Rules and More on Each Other*

Direção editorial Ana Paula Santos Matos
Gerência editorial Fernando Penteado
Gerenciamento de catálogo Isabela Ferreira de Sá Borrelli
Edição Estela Janiski Zumbano
Design e produção Jeferson Costa da Silva (coord.)
Rosana Peroni Fazolari

Tradução Maria de Lourdes Sette
Revisão Queni Winters
Diagramação Negrito Produção Editorial
Capa Tiago Dela Rosa

Dados Internacionais de Catalogação na Publicação (CIP)
Vagner Rodolfo da Silva – CRB-8/9410

S626h   Skach, Cindy
         Como ser um Cidadão: Seis ideias para fazer a democracia funcionar/ Cindy Skach. – 1. ed. – São Paulo: Benvirá, 2024.

         208 p.

         Tradução de: *How to be a Citizen: Learning to Rely Less on Rules and More on Each Other*

         ISBN 978-65-5810-157-4 (impresso)

         1. Ciências políticas. 2. Democracia. 3. Práticas democráticas. I. Título

                                              CDD 320
2023-2901   CDU 32

Índices para catálogo sistemático:
1. Ciências políticas   320
2. Ciências políticas   32

1ª edição, outubro de 2024

Nenhuma parte desta publicação poderá ser reproduzida por qualquer meio ou forma sem a prévia autorização da Editora. A violação dos direitos autorais é crime estabelecido na Lei n. 9.610/98 e punido pelo art. 184 do Código Penal.

Todos os direitos reservados à Benvirá, um selo editorial da SRV Editora, integrante do GEN | Grupo Editorial Nacional.

Travessa do Ouvidor, 11 – Térreo e 6º andar
Rio de Janeiro – RJ – 20040-040

Atendimento ao cliente: http://www.grupogen.com.br/contato

Para Raphael e Demara

...as trevas fogem, brilha a luz,
e a ordem da desordem nasce.*

– JOHN MILTON,
Paraíso perdido, 1667

---

* Tradução de Antonio José de Lima Leitão (1787-1856). Disponível em: ebooksbrasil.org, 2006. Acesso em: 10 jan. 2024.

Sumário

Prefácio 11

Parte 1 | O problema 17

Introdução 19
1 | Lições da lei 31

Parte 2 | As soluções 47

2 | Não faça tudo que seu mestre mandar 49
3 | Exerça seus direitos, mas com responsabilidade 73
4 | Passe algum tempo em uma praça, repetidamente ... 101
5 | Cultive seus próprios tomates e compartilhe-os 127
6 | Consuma "comida étnica" regularmente 147
7 | Comece tudo isso muito cedo, por volta dos três anos 165

Conclusão 185
Agradecimentos 193
Sobre a autora 195
Notas 197

Prefácio

Eu me lembro do dia exato em que finalmente perdi a fé nas regras formais – nas leis. Foi mais ou menos na época em que aprendia a fazer curvas fechadas em um utilitário blindado a 80 quilômetros por hora e vivia para comer uma ração diária. Naquele período, treinei a esquiva de dispositivos explosivos plantados nas ruas de Amã, tornando-me proficiente o suficiente para voltar a tempo de tomar uma chuveirada e beber uma taça de vinho libanês antes de dormir.

Essa foi, claro, a parte fácil. Era o outono de 2008, e eu acabara de concluir um curso de sobrevivência de duas semanas no deserto, onde soldados jordanianos e membros das forças de segurança da ONU simulavam atividades terroristas a fim de me preparar, entre outras coisas, para redigir uma constituição. Eu havia voado de Londres para Amã, pouco antes do início de minhas obrigações docentes coincidentes com o início do ano letivo. Era uma recém-nomeada professora de Direito Comparado em Oxford e, várias vezes no ano seguinte, pegaria esse voo com duração de cinco horas, entre tutorias e palestras, e retornaria cheia de orgulho para compartilhar minhas experiências com meus alunos.

Na manhã em que concluí o treinamento, um oficial da ONU com sotaque do sul dos Estados Unidos me parabenizou enquanto arrancava alguns fios do meu cabelo pela raiz. Não era um trote. Era uma maneira de coletar meu DNA caso, mais tarde, meu corpo fosse encontrado em pedaços que, de outra forma, não seriam identificáveis.

Então, estava pronta para a verdadeira parte do meu trabalho como "especialista constitucional", como me chamavam. Dessa vez, rumo a Bagdá, na condição de convidada da Missão de Assistência das Nações Unidas para o Iraque, para trabalhar com iraquianos e curdos no Comitê Governamental de Reforma Constitucional.

Naquele dia, nosso avião estava bem vazio. Alguns membros do meu grupo haviam sido reprovados no curso e enviados de volta para casa. Outros partiram mais cedo, necessitando de aconselhamento psicológico em razão do trauma causado já pelo curso de sobrevivência. Embarquei naquele velho bimotor com destino ao Aeroporto Internacional de Bagdá juntamente com um ex-assessor jurídico do governo dos Estados Unidos, conselheiros acadêmicos do Reino Unido que haviam incentivado a Escócia e o País de Gales a buscar um grau de autonomia (*devolution*) do governo de Londres, além de alguns oficiais superiores e muitos subalternos da ONU de vários países do mundo, alguns dos quais tinham deixado as famílias para assumirem cargos bem remunerados numa zona de guerra.

Eu estava ansiosa para ir. Não pelo dinheiro: na condição de consultora com contrato de curto prazo, com um emprego fixo diferente, minha remuneração era modesta. Mas, como estudiosa constitucional, como professora, acreditei haver chegado ao topo de minha carreira. Como disse um de meus alunos em Oxford: "Você está escrevendo constituições, professora Skach. Não existe nada melhor do que isso". As constituições são, afinal, as leis mais importantes de uma democracia, num país governado pelo e para o povo. Elas definem as regras do jogo político, dizendo-nos se um país é unitário ou federal; se é laico ou se tem uma afiliação religiosa estabelecida. Elas nos dizem como serão escolhidos os líderes políticos, como e quando poderemos trocá-los, quem nos representará e quem tomará decisões para a nossa governança. E nos dizem não só quais são os nossos direitos como indivíduos e como membros de movimentos identitários, mas também como os nossos países classificam esses direitos numa hierarquia baseada nos valores de nossa nação e de que forma o governo impedirá que esses direitos sejam pisoteados. É por isso que as constituições são, muitas vezes, denominadas de "lei maior".

Não era a primeira vez que eu aconselhava um país estrangeiro sobre questões constitucionais. Fui uma discípula do direito dedicada e havia publicado trabalhos sobre constituições no início da minha carreira, primeiro como jovem estudante de pós-graduação e com o meu orientador acadêmico na Universidade Columbia e, mais tarde, como professora na Universidade Harvard. Havia falado com antigos presidentes e primeiros-ministros que faziam um balanço das próprias experiências; viajado, com frequência, para me encontrar com membros de comissões constitucionais ou com juízes em tribunais constitucionais; e dado as boas-vindas a essas mesmas elites quando visitaram o meu escritório em Harvard, dispostos a discutir suas constituições problemáticas. Passara minha vida acadêmica falando sobre quais constituições poderiam ajudar a democracia a florescer e quais não, e estava agora de mudança para Oxford para fazer o mesmo, aceitar mais convites para dar consultorias, ensinar e pregar o valor das boas leis.

O Iraque havia sido, sem dúvida, a minha missão mais perigosa e desafiadora até então. Os iraquianos e os curdos, sob os auspícios da ONU, haviam me convidado porque queriam saber como configurar a sua arquitetura jurídica de uma forma que estimulasse a todos a partilhar as vastas reservas de petróleo e gás que eram encontradas apenas em pequenos bolsões do país. Eu havia observado como essa partilha de receitas funcionava em países como os Estados Unidos, o Canadá e o Brasil.

Todos esses eram países federados, onde o poder era constitucionalmente dividido entre regiões (ou estados), com um governo central controlando certas esferas da política, mas não todas. O Iraque era um país complexo, com uma complicada mistura étnica, religiosa e linguística de povos, estando a maior parte de seus recursos naturais localizados em território curdo. Se esses povos quisessem permanecer unidos como Estado, unitário ou federal, todos teriam de compartilhar. No entanto, isso era mais fácil de ser dito e teorizado do que realizado.

Os iraquianos avaliavam as vantagens de mudar para um tipo específico de sistema federal de modo a manter o país unido. Eu e mais alguns pensávamos que, se os outros iraquianos admitissem a autonomia curda em determinadas áreas da política, incluindo o idioma, e se, em troca, os curdos aceitassem partilhar uma percentagem razoável da riqueza proveniente do petróleo e do gás com o restante do Iraque, haveria menos tensão no país e menos clamor curdo pela independência. Nenhuma outra região do Iraque gozaria de tanta autonomia com relação a Bagdá quanto os curdos. Contudo, algumas evidências provenientes de outros países nos revelaram que, aparentemente, nenhuma outra região necessitaria de tal grau de autonomia.[1]

Esse arranjo, o qual denominamos "federalismo assimétrico", parece ter funcionado em países como a Espanha, onde movimentos separatistas violentos perderam influência entre a população após o governo central espanhol conceder aos bascos e catalães um grau maior de controle sobre as suas regiões. As crianças bascas e catalãs podiam ser instruídas em suas línguas regionais, no lugar do espanhol castelhano. Os bascos e catalães idosos conseguiam ler as placas de rua nas línguas que aprenderam na infância, em vez de no espanhol. Sentiam que as suas subculturas e histórias eram respeitadas. Acreditamos que isso os impediu de querer explodir políticos em Madrid e que isso manteve a Espanha unida.[2]

Enquanto eu digitava as anotações para minha primeira reunião, organizando meus dados em um *slide* de PowerPoint, nosso avião atravessou uma zona de turbulência. Guardei o computador e fechei os olhos. Tentei imaginar o que poderia me esperar no Iraque. Ex-colegas que haviam estado lá compartilharam suas histórias, ornamentadas com detalhes de dar inveja. Trabalhar numa zona de guerra, sobretudo redigindo leis e constituições, era algo que pouquíssimos de nós haviam feito. A simples ideia de participar de uma fundação constitucional era empolgante. Talvez, se gostassem do que eu dissesse, eu ajudaria a escrever essa lei superior.

Mas, na verdade, eu não fazia ideia.

Não fazia ideia de que, dentro de algumas semanas, voltaria ao saguão do hotel Meridian em Amã, de onde saíra poucos dias antes, dessa vez arranhada, toda suja e cheirando a esgoto, consequência do meu trabalho, em Bagdá, para ajudar a elaborar uma constituição. E isso seria apenas o começo.

Lembro-me muito claramente daquela manhã terrível. Dormia em meu acampamento na Zona Internacional e fui acordada de madrugada por um som terrível, seguido de um tremor violento. Nosso acampamento havia sido atingido por um foguete de 240 mm, que fora destinado aos nossos vizinhos – a embaixada dos Estados Unidos –, mas não havia alcançado o alvo e nos atingira com violência. Meu instinto de sobrevivência e as duas semanas de treinamento entraram em ação e não parei para pegar minhas roupas; apenas meu capacete, o colete à prova de balas e minha sacola: um pequeno saco com suprimentos básicos e dinheiro. Fiquei ali, no meu quarto cheio de sacos de areia, sentada no escuro, de roupa íntima e equipamento de proteção, esperando. Quantos haviam ficado feridos? Quantos estavam mortos? Seríamos capturados? Mortos?

É isso que significa redigir uma constituição, pensei.

Uma batida na porta me assustou. Era meu colega, pai de dois filhos pequenos, que morava na América do Norte. Ele estava bem e tinha vindo verificar se eu também estava. Contou o que havia acontecido e que não tínhamos mais eletricidade na base, nem água corrente. Seríamos evacuados por tanques para uma escola iraquiana próxima que fora recém-convertida em uma base da ONU. Enquanto esperávamos as ambulâncias, os administradores do campo nos informaram sobre o ataque: três pessoas haviam morrido e 13 ficado feridas. Foi por pouco, eles disseram; poderia ter sido muito pior, e eles se lembravam de quando tinha sido.[3]

Penso naquele momento desde então, e pensarei pelo resto da minha vida. Pensei nele mais tarde, naquele mesmo dia, enquanto caminhávamos por água de esgoto na escola iraquiana convertida, onde nós, os sobreviventes, partilhávamos um fornecimento muito limitado de água engarrafada, e os cozinheiros de Bangladesh da ONU – aqueles que haviam sobrevivido ao ataque – tentavam preparar algo para comermos. Pensei nele de novo naquele dia, enquanto entrava em um tanque com três soldados estadunidenses fortemente armados que me levavam pela "avenida dos atiradores" até o Aeroporto Internacional de Bagdá. Voltei a pensar nele enquanto sorvia, com gratidão, a bebida energética com sabor de laranja que eles me entregaram e olhava pela pequena janela para aquele berço da civilização.

Saí daquela avenida me sentindo não apenas traumatizada, mas também culpada. Naquele momento, lembrei dos rostos dos xeques que havia conhecido, dos ministros iraquianos e curdos que tinham me acolhido e me dado chá de lima preta, e percebi que nada nem ninguém poderia ajudá-los, a não ser eles mesmos. Sem lei, sem regra. E qualquer constituição que eu ou quem quer que fosse pudesse tentar incentivá-los a adotar talvez piorasse as coisas, e talvez já tivesse piorado. Isso porque leis, regras e constituições são, em última análise, muito parecidas com transplantes de células-tronco entre os humanos. Sem uma terapia de condicionamento pré-transplante, que prepare o paciente, sobretudo aqueles com problemas de saúde de longa data, as complicações associadas à introdução de corpos estranhos podem ser catastróficas. Então, pensei, a mesma coisa poderia ocorrer com as leis.[4]

Foi então, no tanque cercado por três soldados estadunidenses, que minha carreira mudou. Ali, finalmente percebi o que sempre havia sentido, mas reprimido: que as leis superiores e as regras, em geral, podem estar carregadas de sementes da destruição da boa ordem.

PARTE 1
O problema

Introdução

É provável que minha vida como promotora da lei tenha começado com a queda do Muro de Berlim. Eu acabara de concluir o curso de graduação e, ao meu redor, o mundo se abria. Pinochet perdia o plebiscito para aprovar a continuação de seu regime ditatorial e o Cone Sul da América do Sul se afastava dos governos militares. Em um hemisfério diferente, Mikhail Gorbachev acabara de anunciar a *glasnost* – sua política de discussão aberta sobre o Estado político, econômico e social da União Soviética. E eu, uma jovem começando o doutorado, não podia deixar de ficar deslumbrada pelas oportunidades que toda essa experimentação democrática prometia. Viver em Nova York só aumentava essa curiosidade. Nós, estudantes, passávamos longos dias no trecho arborizado, fechado e protegido da Universidade Columbia, entre a Broadway e a Amsterdam Avenue – uma torre de marfim achatada, bem no meio de uma metrópole complexa e diversificada.

Minha fascinação começou no primeiro dia. Os corredores do prédio de Relações Internacionais, na Rua 124, estavam cheios de avisos urgentes que anunciavam, quase aos gritos, o cancelamento de determinados cursos e uma corrida louca para criar novos. Na atmosfera "a ser determinada", a da ordem mundial no início dos anos 1990, o curso de "Direito Soviético" havia sido cancelado e substituído por "Elaboração de Leis no Antigo Espaço Soviético"; a palavra "comunista" do nome de muitos cursos havia sido alterada para "pós-comunista" ou algo semelhante; "economia planificada" virou "economias em transição" e assim por diante. Ali estávamos nós, em um laboratório vivo, onde, diante de nossos olhos, regras e estruturas de autoridade antigas desmoronavam à medida que países, naquela vasta região do mundo, iniciavam mais uma metamorfose, correndo, antes de mais nada, para elaborar novas regras e leis. Toda a estrutura da Guerra Fria – uma guerra que crescemos acreditando que seria resolvida, de maneira catastrófica, por meio de armas nucleares – estava sendo desmontada, como uma vila de Potemkin, lei a lei. A tentação para aqueles interessados em promover a democracia e elaborar leis, leis democráticas e constituições melhores, repletas de direitos e liberdade, era simplesmente irresistível.

No primeiro ano do doutorado, escrevi um artigo, em parceria com meu orientador, que seria parte desse processo. Esse trabalho solidificaria meu *status* como defensora fervorosa das regras, adepta da ideia de que ter as regras certas e fornecer os incentivos certos para os seres humanos, por meio de regras corretamente escolhidas, era a maneira de esculpir boas democracias e grandes cidadãos. Trabalhando até altas horas da noite, alimentada por boa comida etíope e entregas noturnas de sorvetes Ben & Jerry's, encomendadas por meu irmão, conseguimos encontrar algumas das primeiras evidências de uma correlação notável: se você quisesse assegurar que sua jovem democracia se tornaria uma democracia estável (ou aquilo que nós, acadêmicos, denominamos consolidada), era desejável uma constituição parlamentar, e não uma presidencial. Tínhamos dados do mundo inteiro para mostrar que, quando as pessoas ficam frustradas com seus presidentes eleitos diretamente – seja porque governam mal, seja porque não produzem as políticas de que os cidadãos precisam, seja porque estão em conflito com a maioria no parlamento e instala-se um impasse –, havia apenas duas maneiras de remover esses líderes eleitos do poder, ambas as quais embutiam custos.

A primeira era o processo legal demorado conhecido como *impeachment*, o qual, como sabemos nos Estados Unidos, é tão raro quanto polêmico. A outra alternativa é uma solução mais rápida, porém mais sangrenta: um golpe. Este último se tornou endêmico nos sistemas presidenciais da África e da América Latina, nos quais militares viraram peças importantes na política – lugares que tinham tomado a constituição presidencial dos Estados Unidos como inspiração.[1]

Evidentemente, as constituições parlamentares também falhavam, apenas não com tanta frequência quanto parecia. No entanto, quanto mais eu olhava por baixo da superfície desses lugares, dessas formas de governo que eram pontos em nossos gráficos, mais eu começava a me perguntar se uma simples mudança de regras seria, de fato, a resposta. Pode ter sido o verão que passei no Rio de Janeiro e em Brasília, conversando com ex-líderes militares e tentando entender se as regras parlamentares funcionariam em um país que, historicamente, era atraído por lideranças fortes e carismáticas – o tipo de caudilho capaz de garantir independência de um poder colonizador. Naquele país de beleza exuberante, com um povo igualmente belo, o coeficiente de Gini, uma medida padrão de desigualdade de renda, gira em torno de 50%, um índice muito desigual em uma escala na qual o zero representa a igualdade perfeita.[2] Com uma profunda polarização em termos de renda, mas também assolado por grandes divisões entre áreas rurais e urbanas, a complexa paisagem social, econômica e geográfica do Brasil levou ao tipo de cisma que pode facilitar a corrupção generalizada e oscilações extremas entre apatia e ativismo, o que incentiva a ascensão de líderes carismáticos, porém problemáticos.[3]

Poderia também ter sido o ano e meio que passei em Heidelberg, pesquisando as causas da queda da República de Weimar na Alemanha, a qual tinha uma das constituições mais progressistas de sua época. Estudei essa constituição sob as árvores *Ginkgo biloba* que Goethe tanto apreciava. Na época, acreditava que um elemento importante na queda da República de Weimar havia sido a coincidência de regras fatais em sua constituição, incluindo o famoso Artigo 48, o poder de instituir decretos de emergência que permitia aos presidentes, com o apoio das forças armadas, tomar as "medidas necessárias", vagamente definidas, para governar em tempos de crise.[4] No entanto, meus amigos e colegas alemães pareciam mais persuadidos por vozes históricas domésticas e se perguntavam se os problemas de Weimar eram mais ligados à complexa estrutura social da república, às vésperas de uma crise econômica, em um momento crucial da história mundial – e assim ela era simplesmente uma democracia sem democratas.[5]

Poderia até ter sido o fevereiro gelado que passei em Moscou entrevistando ativistas de direitos humanos e ministros do governo, inclusive Galina Starovoytova, ministra de assuntos étnicos de Yeltsin, que teve uma longa conversa comigo em um Pizza Hut em frente à Duma e cujo assassinato aconteceria apenas alguns meses depois. Enquanto ela me explicava como era difícil trabalhar com muitos dos novos líderes da Rússia, que não tinham "espírito coletivo", aumentava minha percepção de que regras e suas estruturas de incentivo eram uma coisa, enquanto personalidades e atitudes eram outra.[6]

Com cada experiência no mundo real, minhas dúvidas sobre o poder da lei aumentavam.

Como professora de Direito Comparado e profissional que aconselhava governos estrangeiros e instruía suas elites, talvez eu tenha estado em negação sobre aquilo de que me dei conta há muito tempo: a democracia não vem funcionando bem, em lugar nenhum, apesar de todo esse trabalho para acertar as leis. Isso é algo que, em universidades e centros de estudos, documentamos e descrevemos há décadas. Inicialmente, na década de 1980, ficamos esperançosos ao assistirmos às ditaduras sul-americanas se abrirem após anos de repressão brutal. Contudo, passada uma década, essas transições para a democracia no Cone Sul da América do Sul estagnaram, resultando no que o estudioso argentino Guillermo O'Donnell denominou "democracia delegativa": democracias parciais lideradas por presidentes que foram livremente eleitos, mas que se comportavam mais como caudilhos do que como líderes responsáveis.[7]

Assim, todos exultamos com a queda do Muro de Berlim em 1989, apenas para assistirmos a populistas de direita, como o Fidesz na Hungria e o partido Lei e Justiça na Polônia, lentamente infestarem a Europa Central e Oriental nos anos 2000, infectando a região com mensagens xenofóbicas de intolerância, incluindo declarações e políticas ultrajantes direcionadas a judeus, romani e membros da comunidade LGBTQIAP+.[8] Ficamos impressionados ao ver povos de todo o mundo árabe lutarem por sua primavera democrática no início dos anos 2010 – para depois assistirmos aos seus esforços desaguarem em um inverno árabe frio e sangrento, com guerras civis na Síria, na Líbia e no Iêmen. Nesses países, os movimentos populares foram esmagados não apenas pelos detentores do poder, mas também por grupos contrarrevolucionários da sociedade, os quais resistiam à ambiguidade da mudança.[9] Assistimos também aos cidadãos rechaçarem uma Constituição Europeia – rejeitarem a chance de um "Nós, os povos da Europa Unida" – na qual se abrigariam e assumiriam um compromisso único e codificado uns com os outros; e posteriormente, anos depois, vivemos o Brexit e a incerteza do futuro social e econômico da Europa, à medida que a retórica e as atitudes em partes desse continente começavam a retornar a suas posições pré-União. Com a invasão da Ucrânia pela Rússia na porta da Europa, ficamos horrorizados e perplexos, mas depois a maioria de nós simplesmente seguiu a vida enquanto a guerra e seus refugiados viravam rotina. Ficamos parados enquanto a Velha Europa assistia ao ressurgimento do ódio ao "outro". Alguns filmavam sem agir, como turistas em um parque de diversões cujo tema é o horror. Sob o sol do meio-dia de uma cidade costeira italiana, um vendedor ambulante – Alika Ogorchukwu – foi inclusive espancado até a morte com a própria bengala enquanto as pessoas passavam.[10] É nisso que nossas sociedades se tornaram.

Mas não apenas a sociedade não vem se comportando bem. O Estado também vem se comportando mal. De volta aos Estados Unidos, ficamos horrorizados com a maneira como a "lei e ordem" democrática falharam no caso de Rodney King, um cidadão do país cujos direitos humanos básicos deveriam ter sido protegidos pela constituição e pela máquina estatal. Em vez disso, esses direitos foram violados pelos membros do Estado em quem confiamos para protegê-lo, como aconteceria mais tarde com Eric Garner, Michael Brown, depois George Floyd e Tyre Nichols, e inúmeros outros. Em cidades por todo o país, um princípio básico e fundamental da democracia – a responsabilidade daqueles que estavam no poder quando falhavam em seu dever – parecia haver desaparecido. Ficamos pasmos ao ver como as leis que regem eleições livres e justas nos proporcionaram alguém que, no fim das contas, não era profundamente comprometido com a democracia para liderar o país, mas talvez um demagogo narcisista, embora soubéssemos, há muito tempo, que as constituições mais democráticas prometiam liberdade e igualdade, mas também produziam indivíduos como Joseph McCarthy ou Jean-Marie Le Pen.[11]

Portanto, nossas classes políticas e as sociedades que elas representam estão debilitadas após uma década tremendamente desafiadora. Desde o escândalo do Partygate no Reino Unido até o ataque ao Capitólio dos Estados Unidos, em 6 de janeiro de 2021, e outros eventos intermediários, nos perguntamos por que nossos líderes políticos estão agindo de maneira tão irresponsável quando o restante de nós sente que a boa governança é uma necessidade premente. Dados do Projeto Mundial de Justiça de 2022 nos informam que isso não é apenas um desabafo acadêmico subjetivo: pelo quinto ano consecutivo, o estado de direito, a ideia de que o governo está vinculado às mesmas regras e normas claras e consistentes que estabelece para nós, declinou na maioria dos países ao redor do mundo.[12] Como resultado desse declínio e da decepção com nossos líderes, todos nós, mais do que nunca, somos os descontentes com a democracia; e há pesquisas de opinião informando que a confiança e a desconfiança no governo, em grande parte do mundo industrializado, são sentidas de maneira paritária

– uma porcentagem igual de pessoas confia no governo e desconfia do governo. E isso ocorre aqui, no mundo industrializado, com todas as suas leis formais, onde as coisas deveriam ter sido muito melhores do que isso.[13] Talvez não surpreenda que uma recente pesquisa da Ipsos tenha mostrado que, em média, apenas 30% dos adultos confiam em outras pessoas.[14]

Intelectuais em todo o mundo estão propondo soluções para essa bagunça preocupante – mas são soluções retiradas da mesma caixa de ferramentas de séculos atrás.[15] Eles sugerem mais regras para consertar nossas democracias quebradas, mais inovações para nossos líderes políticos. Esses ajustes podem ser úteis, talvez até necessários, mas também, muitas vezes, não passam de curativos no prazo mais longo e, com mais frequência do que percebemos, pioram as coisas, porque o curativo nos leva a relaxar e depender delas, as elites políticas, para consertar as coisas, a fim de que, de alguma forma, alcancem o sucesso nos aspectos nos quais fracassaram no passado.

Nossas constituições e algumas leis, é claro, têm funcionado – em alguns casos, proporcionando um importante alívio em ditaduras arbitrárias e brutais, do tipo de tirania que gerações anteriores conheceram ou do tipo que é experimentado na atualidade por alguns habitantes dos 111 países no mundo que continuam a ser classificados como "não livres" ou, na melhor das hipóteses, "parcialmente livres" por observadores internacionais como a Freedom House. Nesses países, os indivíduos não desfrutam de muitos dos direitos políticos básicos e das liberdades civis que lutamos para conquistar em nossos espaços "livres".[16] E, com certeza, existem muitos casos em que cidadãos, sozinhos ou em grupo, usaram suas leis e suas constituições para buscar mais liberdade. Desde invocar o direito à vida para proteger o meio ambiente no Nepal e em Montana, até usar tribunais na garantia de acesso a alimentos e na redução das emissões de gases de efeito estufa nos Países Baixos ou no Paquistão, as pessoas comuns e os grupos de interesse estão recorrendo, sem dúvida, às suas leis e constituições e utilizando-as para fazer mudanças positivas – de modo a proteger melhor seus direitos. Certamente, leis que regerão a inteligência artificial, que regulamentarão as redes sociais para proteger os jovens de danos; leis que nos proíbem de matar e abusar uns dos outros; e leis que dissuadem as grandes empresas de tirar grande vantagem dos consumidores foram e continuarão a ser aditamentos legais bem-vindos e talvez até indispensáveis, mesmo do ponto de vista que defendo nestas páginas. Há muitos exemplos de razões pelas quais as leis não podem e não devem ser desconsideradas ou dissolvidas e por que não devemos tentar escapar das limitações impostas por elas.

No entanto, no que tange às leis, estamos constantemente pisando em uma linha tênue entre as liberdades e os potenciais danos causados por seu exercício. O direito ao porte de armas, o direito à liberdade de expressão e o direito a outros supostos direitos – todos eles não são absolutos, nem mesmo amplamente aceitos. Direitos, ou liberdades, e as leis que os protegem são contestados porque a sua liberdade para fazer algo pode muito bem interferir na minha; ou a sua liberdade como membro de um grupo (uma comunidade religiosa ou racial) pode ser maior que a minha, por eu não pertencer a esse grupo. Pense, por exemplo, nas disputas que surgiram durante a pandemia de covid-19, quando algumas comunidades religiosas declararam uma necessidade especial de serem isentas das leis que proibiam reuniões coletivas durante o confinamento. Pense também no debate, nos Estados Unidos, entre as autoridades de saúde pública a respeito dos protestos contra a brutalidade policial: embora essas aglomerações pudessem favorecer a disseminação da covid-19 e, portanto, levar muitos a pedir restrições, outros exigiam que fossem permitidas, observando que "o racismo também representa uma ameaça séria à saúde".[17] As leis e a constituição que concedem liberdade a alguns devem sempre estar abertas ao debate e à discussão – uma vez que essa liberdade e seu exercício não estão livres de potenciais conflitos, problemas que desejo explorar em detalhes nas páginas que se seguem.

Assim, um dos princípios básicos deste livro é que não são necessariamente as leis em si que estão causando problemas, mas sim a maneira como temos nos apoiado nelas para resolvê-los, para nos instruir – as múltiplas maneiras como as usamos em substituição ao nosso próprio julgamento e à nossa própria ação coletiva. É um pouco como escrever um ensaio escolar. Eu lembro aos alunos que não desejamos só repetir os autores que nos precederam. Nós os usamos como guias, usamos suas ideias, mas de maneira crítica. Contamos com eles para fundamentar nossos próprios argumentos, em vez de nos escondermos atrás deles, de maneira acrítica e impensada.

E assim é com a lei. Podemos precisar e até querer contar com ela de tempos em tempos, com certeza, mas o trabalho braçal precisa ser feito por nós.

Por muito tempo, estivemos nos agarrando a um ponto fixo na história, um ponto em que a liberdade moderna foi definida *para* nós, não *por* nós. Esse ponto em nossa história marcou o fim do que alguns filósofos acreditavam ser o estado de natureza terrível, anterior a qualquer organização social; o fim do mundo desagradável e brutal tão vividamente descrito pelo teórico político Thomas Hobbes. O Leviatã, nosso salvador, chegou na forma de uma autoridade governamental central forte, indivisa e baseada em um contrato. Tínhamos chegado, embora com dor e sofrimento e após uma guerra brutal de todos contra todos, a criar leis e até mesmo leis superiores, que nos proporcionavam uma estrutura duradoura e uma ordem saudável e estável. Tínhamos chegado à liberdade. Agora, podíamos escolher nossos governos, em vez de tê-los impostos a nós. Podíamos desfrutar de muitas liberdades, que passaram a ser entendidas como nossos direitos. Entretanto, mesmo que acreditemos nessa metáfora como uma imagem útil de nosso progresso, estamos em um lugar diferente agora. Assim como abandonamos práticas médicas medievais e tantas outras, não deveríamos também atualizar nossa ideia do que significa governar e ser governado? Assim como, nos anos 1960, a Philip Morris tentou fazer com que as mulheres estadunidenses acreditassem no bordão "Você chegou longe, querida",* poderíamos dizer que, de fato, nós chegamos. Mas por que deveríamos parar aqui?

Não estou propondo mais remendos na forma de mais leis. Isso porque acredito, hoje mais do que nunca – com tecnologias inovadoras conectando pessoas em todo o mundo –, que este é o momento de sair dessa caixa inadequada de leis, regras e liderança hierárquica e fazer a democracia funcionar de uma maneira diferente. Um cidadão de cada vez.

No entanto, todo grande funeral precisa de uma oração; uma oportunidade não para elogiar César, mas para enterrá-lo. Para abordar o fim das constituições como as conhecemos agora, é necessário primeiro entendermos o que é a lei, de onde ela veio e por que ela assumiu tamanha importância em nossas vidas. Espero mostrar por que a dependência nas leis para regular nossa convivência se tornou tão problemática e, depois, como nos envolver nas soluções. O que se segue é uma discussão das áreas que considero essenciais para fomentar uma boa cidadania na atualidade: liderança, direitos fundamentais, espaços públicos, segurança alimentar e meio ambiente, diversidade social e educação.

Aqui, faço seis sugestões interconectadas que podem nos ajudar a sermos melhores cidadãos hoje, contribuindo para deixarmos de ser apenas *sujeitos* e caminharmos em direção a ser *cidadãos*. Minhas seis propostas começam e estão fundamentadas em uma alternativa à ideia de que a ordem é idêntica à estabilidade: peço que pense, em vez disso, na ordem como cooperação espontânea e autoimposta. Esse é um tipo de cooperação que exige vários saltos de fé e confiança, uma maneira de estruturar nossas interações sociais que não depende muito das regras e da autoridade para ditar as ações. É transitório e assim deve ser. É contingente e, por isso, talvez pareça precário, mas pense nele como algo adaptável. Na atualidade é raro, mas se puder ser incentivado, ao nos afastarmos da restrição das regras, pode prosperar e se reinventar

---

* "You've come a long way, baby" foi o bordão da marca de cigarros Virginia Slims, dirigido ao público feminino, nos anos 1960. (N.T.)

continuamente, proporcionando talvez a única forma de cola social que permitirá aos descontentes da civilização conviverem bem entre si e cuidarem uns dos outros.

Espero demonstrar a verdadeira cidadania. Ela ainda significa filiação a um Estado, com certeza, como a cidadania sempre foi entendida. E, como membros de um Estado, temos o direito de esperar certas proteções, bem como obrigações para com ele e seus outros membros. Entretanto, pertencer a um Estado envolve pertencer a uma comunidade de cidadãos e requer relacionamentos horizontais e recíprocos – não apenas verticais – para ser real. Assim, *cidadão* aqui é definido em termos ideais: como um membro responsável e ativo da comunidade chamada humanidade; um membro que desfruta de direitos, mas também deve obediência a si mesmo e a outros seres humanos, e tem a obrigação de respeitar os direitos da Terra e de todas as criaturas vivas. É um ideal e, como tal, um objetivo. Nas páginas que se seguem, quero lembrar a todos como ser cidadãos de acordo com esta definição: horizontalmente, atravessando raças, gêneros, nacionalidades, faixas etárias – um passo simples, porém significativo, de cada vez.

Ao longo deste livro, convido o leitor a imaginar seu cidadão ideal e a questionar seu próprio apego às regras que conhecemos como "leis". Este não é um livro sobre leis boas e más ou sobre como e por que as infringir; é um livro sobre como nos tornamos complacentes como cidadãos ao nos escondermos atrás da lei e o que podemos fazer a esse respeito agora, juntos, de forma construtiva e sem violência. Portanto, essa jornada que faremos em conjunto é uma confissão da minha parte como ex-pregadora da lei, mas também um apelo: sem questionar primeiro nossos próprios vínculos com as regras e com nossa dependência das leis para resolver problemas, sem reconhecer nossos próprios medos sobre como seria um mundo além das leis, jamais permitiremos que nossas mentes viajem nessa importante direção imaginativa que pode nos permitir vislumbrar um mundo alternativo. Vamos começar e ver até onde conseguimos chegar.

1

Lições da lei

Existe uma pequena ilha vulcânica, remota no tempo e no espaço, que eu acredito ser capaz de nos ajudar a entender por que as regras são parte do problema. É um lugar de beleza sensual, cercado por um recife de corais e pelo perfume das frutas baobá e das plantas ilangue-ilangue. No Canal de Moçambique, essa coleção de ilhas minúscula e talvez insignificante para muitas pessoas, conhecida como Maiote, constitui um importante microcosmo do mundo contemporâneo.

Numa tarde de calor abrasador de julho de 2005, cheguei às ilhas, com malária e sem véu, durante minhas férias de verão da docência, com a intenção de estudar a versão da lei islâmica praticada naquela localidade desde o século VII. Fui recebida por Hakim, o Grande Qadi de Maiote e a mais alta autoridade religiosa da ilha, em seu salão de audiências. Foi lá, enquanto Hakim explicava sobre aquele lugar misterioso, em um prédio colorido, feito de blocos de concreto vazado adjacente à mesquita, que comecei a refletir profundamente sobre o que *de fato* era a lei.

Começamos com o Alcorão, um dos textos sagrados que orienta juízes islâmicos como Hakim em suas tomadas de decisão. Segundo o livro sagrado, Alá deu ordem ao universo ao conclamar a terra e o céu a se unirem em obediência a Ele: a terra e o céu, não o homem, foram os primeiros a se tornarem sujeitos de Alá e a dependerem de sua autoridade, para que houvesse uma ordem cósmica boa e segura. Nasceram então a autoridade e a obediência de todos e de tudo a ela. Quase todas as tradições religiosas, incluindo a minha, compartilham uma história de criação semelhante. Por exemplo, o Livro de Gênesis, sagrado para os povos judeus e cristãos, diz que Deus criou o universo em uma ordem precisa e boa a partir do nada:

E disse Deus: que a luz seja!
E a luz veio a ser. Deus viu que a luz era boa.
Deus separou a luz da treva. Deus chamou a luz de "dia" e à treva chamou "noite".
Deus disse: "Que haja luminares no firmamento do céu para separar o dia da noite, que eles sirvam de sinal tanto para as festas como para os dias e os anos, e que sirvam de luminares no firmamento do céu para iluminar a Terra". Deus viu que isso era bom.[*]

De fato, nas religiões abraâmicas, incluindo aquela em que fui criada, essa ordem precisa e boa, criada por Deus, deveria durar por todas as gerações. Mas é claro que, em seguida, a ordem exigiria a obediência do casal original, Adão e Eva, e sua conformidade com a autoridade de Deus. Atualmente, em muitos países do mundo, é essa narrativa que está incorporada em nosso tecido social: em nossas famílias, nossas comunidades e nossos líderes. Ela os permeia e formata.

Outros mitos de criação, em diferentes partes do mundo, baseiam-se em uma concepção de mundo anterior à ordem divina como um terrível caos, em vez de nada. Algumas narrativas coreanas, por exemplo, apresentam essa história com influências complexas e combinadas das várias crenças que foram importantes para a história da Coreia,

---

[*] BÍBLIA. Tradução Ecumênica. São Paulo: Edições Loyola, 2015. (N.T.)

incluindo confucionismo, budismo, xamanismo e cristianismo, em variações múltiplas e sutis.[1]

Esses mitos sobre a criação, apesar de suas diferenças, afirmam que a ordem do universo que chegou após a intervenção divina é boa e exige autoridade. Outros mitos de outras culturas, incluindo algumas narrativas mesoamericanas, também inculcam um apego à ordem e à autoridade, mas a boa ordem ocorre quando a autoridade, na forma de deuses, destrói o que é problemático e depois recria o que não é.[2]

De volta ao Jardim do Éden judaico-cristão, foi por causa de sua mera humanidade, curiosidade e fome de conhecimento que Adão e Eva estragaram a ordem original, resultando na busca eterna do homem para restaurar a "boa" ordem de Deus e abrir as portas para a salvação. Felizmente, Ele facilitou um pouco as coisas, pois deu às gerações futuras seus princípios básicos, ou padrões de comportamento, os quais se tornaram regras escritas para ajudar nesse processo: obedeça somente a Mim; não mate; não roube; e assim por diante. Essas regras tiveram e continuam tendo funções importantes em sociedades e comunidades ao redor do mundo. O problema talvez seja elas também terem sido usadas como a origem, a base de nossas leis seculares modernas e, por fim, de nossas constituições. Disseram-nos como nos comportar, como fazer a coisa certa. Assim nasceu a Falácia Secular nº 1: a natureza precisa de autoridade para que exista uma boa ordem.

Todas essas regras eram aparentemente necessárias, sobretudo à medida que nossas famílias aumentavam, tribos se transformavam em comunidades e nosso contato com outros se expandia. As regras foram um bom começo para uma ordem estável, ajudando-nos a escapar dos conflitos constantes e dos desacordos inerentes à natureza humana. Do mesmo modo, foram o início de uma ordem previsível imposta, não emergente. Contudo, ao serem expressas e articuladas como regras, em vez de princípios orientadores, e ao serem impostas por alguma autoridade, também sugeriam, ironicamente, que se deixados por conta própria nós roubaríamos, mataríamos e nos comportaríamos como selvagens no estado de natureza. As regras eram a resposta à visível desordem da natureza. E assim nasceu a Falácia Secular nº 2: o que há de bom nessa boa ordem é que ela é imposta por uma autoridade e é realmente *estável*.

Com o tempo, as populações cresceram mais rápido que os recursos. Então precisávamos de algo mais, algo maior e melhor: algo que mantivesse nossas sociedades emergentes seguras, estáveis (é claro) e previsíveis – porque a previsibilidade ajuda a manter as coisas estáveis. Precisávamos de algo que nos unisse ao nosso grupo e permitisse que os membros se relacionassem bem, sobretudo entre si, enquanto mantínhamos os outros a distância. Precisávamos de algo que trouxesse consigo uma forma de consequência quando as regras que mantêm a ordem estável fossem descumpridas. Esse algo era a lei.

A lei, em sua forma mais básica, é definida simplesmente como uma regra, um código ou outro sistema formal aplicado por meio de alguma instituição. Historiadores do direito nos informam que a lei, entendida dessa maneira, teve suas origens no desenvolvimento da civilização – a de sociedades complexas, como a do Antigo Egito, que data de 3000 a.C.[3] Antropólogos jurídicos nos informam que a lei, entendida de maneira semelhante, mas sem restringir seu entendimento a um código ou a qualquer sistema formal, teve suas origens em quase todos os grupos sociais que surgiram ao longo da história e usaram regras e consequências em busca da harmonia social.[4] E alguns filósofos do direito nos dizem que uma lei pode ser distinguida de um princípio – na medida em que este último é um padrão que se espera que observemos, porque é um requisito da justiça, ou da equidade, ou da moralidade, e que pode ser mais ou menos importante em determinadas circunstâncias, enquanto uma lei ou é válida, ou não é.[5]

Assim, a lei moderna, como a conhecemos hoje em nossas democracias industriais avançadas, é, em sua forma mais básica, uma restrição inventada pelo homem que está ligada à autoridade e que também autoriza essa autoridade a punir aqueles que a infringem.[6] Funciona por meio de recompensas (inclusão na comunidade, com os benefícios da filiação) e punições (exclusão da comunidade, em alguns casos prisão ou morte). A lei e sua parceira, a aplicação da lei, evoluíram ao longo do tempo de modo a fornecer a base para a ordem tal como a desejamos: estável, previsível e controlável de cima para baixo. Hoje, ainda abraçamos essa ideia de lei sem questioná-la; vivemos em grupos com uma autoridade hierárquica acima de nós; e criamos juntos um espaço físico único e artificialmente fixo: um Estado-nação.

Existem inúmeras áreas de nossa vida que são regidas por leis específicas, como direito de família, direito penal, direito tributário, direito ambiental e direito hídrico. Há até uma área emergente conhecida como direito espacial, à medida que continuamos a expandir e, cada vez mais, pensamos em outros mundos além do nosso. E um campo igualmente emergente é o de direito dos animais, conforme as pessoas começam a refletir de maneira mais sistemática sobre os direitos que outros animais têm de serem tratados com o respeito que exigimos para nós mesmos.

A maioria dessas leis pode ser e é alterada ao longo do tempo. Muitas vezes são feitas por uma autoridade local, pelos governantes em nome dos governados. Leis locais para pessoas locais.

A forma mais elevada de lei, dessa restrição inventada pelos humanos, é uma constituição. Ela é um conjunto de princípios que estabelece a estrutura de governo de um povo e fornece diretrizes sobre o modo como as partes devem interagir entre si e para quais propósitos. Espera-se que essa lei superior perdure mais que outras leis, e assim fica deliberadamente difícil mudá-la uma vez aprovada. Ela também não é feita por conselhos locais ou parlamentos, mas por uma autoridade excepcional em nível nacional. Da mesma maneira, ela se sobrepõe a todas as outras leis. É a diretriz para todos os grupos e comunidades que vivem dentro das fronteiras do Estado-nação e constitui o padrão pelo qual as outras leis desse Estado-nação podem ser julgadas e ao qual tais leis devem se conformar. A constituição é o alicerce e o telhado, a casa inteira, dentro da qual todos os membros do Estado-nação – os cidadãos – e de seu governo coexistem e na qual todas as outras leis e regras funcionam. Às vezes, ela também é compreendida como um contrato entre governados e governantes, entre aqueles que colocamos no poder por meio de eleições para gerenciar a "casa" e o restante de nós, o povo, os cidadãos que lá vivem.

Nosso contrato constitucional diz a ambos os lados – nós e eles – o que podemos e não podemos fazer, bem como o que podemos e não podemos esperar um do outro. O contrato constitucional fornece um teto de direitos sobre nossas cabeças, estabelece diretrizes para a definição de nossas fronteiras, define nossos valores e diz como nossos líderes serão escolhidos e como podemos nos livrar deles se tiverem um desempenho ruim. É a forma definitiva de estabelecer ordem em uma democracia, e todo país democrático do mundo tem um contrato desse tipo, quer seja codificado em um único documento ratificado ou não. Quando estabelecemos essa ordem jurídica estável para todo o território e configuramos direitos e obrigações fundamentais por meio dela, nasceu nossa Falácia Secular nº 3: as constituições nos proporcionam uma ordem justa – e proteger a constituição nos dá justiça.

As formas mais remotas do que entendemos ser uma constituição, as protoconstituições, surgiram na Antiguidade, à medida que as pessoas buscavam estabelecer comunidades tanto pacíficas quanto autossuficientes e formas de governo e de autoridade para essas comunidades, e tentavam proteger essas comunidades de ameaças externas.[7]

Atenas era um desses lugares, e Aristóteles foi um dos primeiros a conceber uma constituição como uma lei superior, como base para uma ordem política estável e como algo que não deveria ser facilmente alterado por capricho. Com Aristóteles, começamos a entender que uma constituição poderia ser um plano de vida para o membro de uma comunidade, por exemplo, uma cidade-Estado. Naquela época, esse plano era o conjunto de leis que nos dizia quem era um homem livre e um cidadão, e quem era um escravo. E assim, mesmo em sua forma nascente, um propósito crucial da constituição era estabelecer as regras para uma ordem justa – para a justiça. Roma foi outro lugar onde a ideia de uma lei superior começou a tomar forma, fornecendo não apenas uma lei da terra, mas também um plano para a vida comunitária. Havia diferenças marcantes na maneira como esses antigos concebiam e praticavam o que hoje chamamos de constitucionalismo, mas ambos viam a necessidade de uma estrutura superior.

Em muitas outras partes do mundo, protoconstituições semelhantes foram implantadas, da Mesopotâmia à Índia e à Ásia. Na Inglaterra, talvez o caso mais famoso, o Rei John foi convencido a assinar a versão inglesa de uma protoconstituição em 1215 – a Carta Magna –, a qual estabelecia uma ordem justa que impedia qualquer rei de punir ou excluir alguém da comunidade sem um devido processo judicial. Essa ordem previsível e não arbitrária confiava a paz a uma autoridade central e nos dizia o que era certo ou errado.

Esse momento específico é aclamado como um dos mais importantes no desenvolvimento das constituições, assim como no desenvolvimento de regras e leis comuns – pois é um ponto de virada em que a liberdade moderna é definida.[8] O Leviatã chegara na forma de uma autoridade governamental central forte, indivisível e baseada em contrato. Havíamos conseguido – embora tivéssemos que passar por dor, sofrimento e uma guerra brutal de todos contra todos – criar uma lei superior, uma constituição básica, que nos deu uma estrutura duradoura e uma ordem saudável e estável. Essa tendência continuou, e constituições foram elaboradas em diversos lugares ao longo dos séculos seguintes. Lugares como França, Países Baixos, Estados Unidos, Polônia, Haiti e Baviera (Alemanha), entre outros, elaboraram documentos que se pareciam e eram considerados versões de uma lei superior. No início do século XIX, Europa Ocidental, América do Norte, América Latina e Caribe aprovaram alguns dos primeiros documentos codificados; foram seguidos, no começo do século XX, pelo início das constituições codificadas no Oriente Médio, no Norte da África e na Europa Oriental, e pela Ásia e pela África Subsaariana algumas décadas depois.[9]

No entanto... será que havia outras possibilidades, outras ideias concorrentes que poderiam ter nos levado a uma direção diferente?

É claro que havia. Uma possibilidade sutilmente diferente, mas crucialmente distinta, foi sugerida pelo advogado e estadista romano Marco Túlio Cícero. Ele acreditava em autoridade e regras, porém como complementos a uma ideia de extrema importância que ele denominava "atitude". Isso mesmo; para Cícero, ter uma atitude ruim era uma questão relevante. Seu *De Officiis*, o livro de conselhos ou "obrigações" oferecido por ele aos jovens romanos, incentivava comportamentos não apenas por meio de regras, mas também muitas vezes por meio do apelo a uma ideia de coletivo, de fraternidade na humanidade. Cícero solicitava, de forma eloquente, muito do que desde então esquecemos; por exemplo, no Livro III dessa grande obra, ele enfatiza que "devemos todos aderir ao princípio de que o que é útil para o indivíduo é idêntico ao que é útil para a comunidade [...] quanto àqueles que argumentam que devemos levar em conta os concidadãos, mas não os estrangeiros, eles estão destruindo a comunhão comum à raça humana, e, uma vez que esse princípio é removido, a caridade, a generosidade, a bondade e a justiça são completamente excluídas".[10] Essas concepções de comunidade e justiça não são clichês, uma vez que o direito romano foi, em geral, influenciado por muitos desses valores e ideias destinados a incentivar um sentimento compartilhado de coletividade que também ultrapassava a comunidade imediata, ao contrário da autonomia individual incentivada pelas leis atuais e até mesmo transformada em pedra angular de algumas de nossas constituições.

Reinhard Zimmermann, um importante estudioso do direito romano, deixou isso claro para nós em sua explicação sobre a Roma Antiga, na qual "o individualismo nunca reinou supremo. *Fides, amicitia, pietas, humanitas* e *officium* eram, com frequência, mencionados: eles criaram um sistema de valores e uma ética social específica que determinavam o comportamento do cidadão romano (de classe alta). O individualismo não era seu ideal social; ao contrário: ele se sentia obrigado a ajudar seus amigos [...]. Tudo isso fazia parte do *officium amici*, e pouco importava se tal ajuda havia sido solicitada ou não".[11]

Pense em como isso difere da ideia contemporânea estadunidense de cidadão, vividamente parodiada em um episódio da *sitcom* intitulada *Seinfeld*.[12] Ao visitarem uma cidade suburbana, Jerry Seinfeld e seus amigos riem e zombam de um estranho que está sendo roubado. Um policial vê a cena e os prende, acusando-os de indiferença criminosa. Chocados e confusos, eles procuram um advogado, que os tranquiliza, dizendo que o policial está errado, que nos Estados Unidos você "não precisa ajudar ninguém. É para isso que este país existe". Mais tarde, no tribunal, esse advogado (interpretado pelo brilhante Phil Morris) argumenta em favor deles, proclamando sua inocência. "Os espectadores são, por definição, inocentes!", ele afirma com ênfase. "Mas não, eles [a polícia] querem mudar a natureza, querem criar um novo animal – o Espectador Culpado!" De fato, isso é exatamente o que alguns romanos pretendiam fazer.

Dessa forma, as sementes para uma possibilidade diferente, para uma lei que incentivasse e estivesse firmemente fundamentada tanto no senso de coletivo quanto na humanidade em geral, sem dúvida estavam presentes. No entanto, com o tempo, essa concepção humanitária de bem comum e a inculcação de uma espécie de virtude cívica para a qual foi projetada perderam espaço, em muitos lugares, para a ideia e para a prática tanto do individualismo quanto de seu gêmeo, a cessão de responsabilidade a um estado poderoso, com sua maquinária no formato de um exército e da polícia. Essa ideia diferente do cidadão engajado, o qual não podia fazer parte da comunidade se fosse um Espectador Culpado, não apenas saiu perdendo, mas também, em alguns lugares de destaque, foi até ridicularizada.

No período que chamamos de início da Europa moderna, após o fim da Idade Média e antes da Revolução Industrial, guerras eclodiram, repetidamente, entre diversas facções em um continente que ainda procurava definir seus povos e demarcar suas fronteiras. No mesmo período, do final do século XV ao final do século XVIII, ideias revolucionárias de liberdade e igualdade se espalharam por aquelas terras, gerando novas concepções de governo – desafiando as que se baseavam nos privilégios decorrentes de certos laços de classe, do nascimento em certas famílias ou de conexões com a igreja.

Essas eram maneiras importantes de pensar sobre nossos laços horizontais uns com os outros, com nossos concidadãos. Ao mesmo tempo, com o surgimento, por exemplo, de Napoleão, na França, e sua ocupação da Itália, pensamentos de hierarquia e unificação, de uma autoridade central e forte reinando e unindo os diferentes povos que vivem em uma terra, também começaram a se enraizar. Os povos dessa Europa começaram a ver a atração e o mérito de uma forma mais consensual de governo; uma forma, digamos, mais democrática de governo, mas também uma abordagem "unidos venceremos" de nossa comunidade. Começamos a confiar aos construtores do Estado nosso dinheiro suado para pavimentar estradas, construir escolas e treinar exércitos – para todas as coisas que nos aproximariam e nos manteriam mais unidos e nos protegeriam dos estrangeiros selvagens. Aceitamos esse desenvolvimento porque parecia mais seguro e mais progressista. E, em muitos aspectos, era. *De fato*, era desenvolvimento. No entanto, o problema é que também o aceitamos porque era prático e muito mais fácil do que fazer, nós mesmos, o trabalho braçal.

Certamente houve aqueles que se preocupavam com o fato de esse trabalho braçal ser deixado na mão da autoridade e da lei, como o filósofo e político francês do século XIX Pierre-Joseph Proudhon, que tinha forte desconfiança na lei e no tipo de ordem por ela estabelecida. Proudhon defendia uma sociedade que poderia existir sem a restrição da autoridade e alertava que "ser governado significa ser observado, inspecionado, espionado, dirigido, orientado pela lei [...]".[13] Considerado por alguns o pai da anarquia moderna, sendo político ele conhecia o sistema por dentro e esperava algo melhor que aquilo que estava experimentando em primeira mão.

Da mesma forma, alguns economistas do Iluminismo escocês e seus seguidores, como Michael Polanyi, permaneceram preocupados com o crescente excesso de regulação de nossas vidas nesse estado moderno e argumentaram que a cooperação espontânea, mesmo que baseada no interesse próprio, era o melhor precursor de uma sociedade próspera.[14] Polanyi sentia que o resultado da autoridade era uma espécie de ordem, sim, mas de um modo que se aproximava da paralisia. Assim, ele alertava que, se estamos interessados em boa ordem, que ele considerava uma ordem espontânea, não queremos que uma única autoridade nos organize de cima para baixo e, certamente, não a partir de algum centro arbitrário.

Talvez a convocação mais antiga registrada para a cooperação espontânea, no lugar da ordem exercida por uma autoridade central, até onde eu sei, tenha sido feita pelo filósofo chinês Chuang-Tzu.[15] Escrevendo no século IV a.C., esse pai do taoísmo esperava haver a possibilidade de uma ordem emergente. Ele instigava ação e reação contínuas e espontâneas diante da vida, em vez do planejamento cuidadoso. Isso significava defender não apenas a possibilidade de alguém ou algo desbravar o próprio caminho ao longo da própria trajetória, mas também a necessidade disso. O apelo inicial por uma ordem menos ordenada já existia.

Embora esses teóricos tivessem limites e estivessem, obviamente, teorizando em tempos muito diferentes dos nossos, o cerne do que perceberam e acharam preocupante é real e está muito presente nos dias de hoje. As hesitações que expressaram e as alternativas que ofereceram perderam para a ideia da ordem como estabilidade, concebida como um conjunto de leis, regras e, em última instância, constituições – enraizadas em mitos de criação, baseadas em hierarquia e autoridade central, feitas para serem tudo, menos flexíveis ou espontâneas.

Ao olharmos hoje para os últimos dois séculos de elaboração de constituições, podemos ver um padrão na maneira como elas foram feitas e animadas por aquilo que vou chamar de "esperanças" ou princípios orientadores. E dois padrões bastante distintos emergem. Primeiro, em algumas dessas constituições, as esperanças animadoras eram algo como a vida, a liberdade e a busca da felicidade expressas na Declaração de Independência Americana, e isso é visto talvez de forma mais óbvia na constituição estadunidense, com seu foco no indivíduo.[16] Segundo, em outras constituições, sobretudo nos documentos pós-Segunda Guerra Mundial, a esperança animadora do documento constitucional e de sua estrutura era algo muito diferente: a dignidade humana.

Essa diferença é importante porque as esperanças motivacionais da democracia constitucional, conforme expressas nessas constituições, tornaram-se conjuntos alternativos de princípios básicos para sua elaboração – e para a arquitetura dos direitos. O primeiro conjunto, que também pode ser chamado de padrão franco-estadunidense, considerava a vida, a liberdade e a busca da felicidade as "esperanças" fundamentais revolucionárias e republicanas, as quais orientavam acordos de separação de poderes, bem como a natureza e o alcance da soberania popular. Essa estrutura é bastante diferente do modelo alemão do pós-guerra, que também inspirou a constituição sul-africana e algumas das constituições recentes do Leste Europeu, nas quais a dignidade humana constitui o princípio orientador fundamental e a esperança animadora, o valor mais elevado da lei superior, a parte mais inalienável da "lei deles", com tribunais constitucionais poderosos esculpidos em pedra para proteger esse valor acima de tudo.

O que temos de nos perguntar com muita honestidade é: ao analisarmos esses documentos e suas esperanças animadoras, conseguimos obter a vida, a liberdade e a busca da felicidade? Nossa dignidade está mais bem protegida e protegemos melhor a dignidade alheia? Algum desses padrões nos ajudaram a realizar nossos desejos – aqueles que embasaram nossas constituições desde o início? Certamente, houve grandes conquistas no âmbito da vida, da liberdade, assim como da dignidade nesses tempos. O poder arbitrário foi limitado, e a liberdade de religião e de expressão, formalmente garantidas. Está longe de ser perfeito, mas alguns argumentarão que essas são esperanças, aspirações; quando compreendidas dessa forma, sim, estão cumprindo seu papel enquanto nos esforçamos para garantir, em nosso mundo humano imperfeito, que tentamos, na medida máxima possível, nos aproximar dos ideais.[17]

Entretanto, não tenho certeza se avançamos o suficiente, ou se os ganhos que obtivemos devem-se às nossas constituições. E não tenho certeza de que esses documentos foram muito úteis para nos tornar cidadãos melhores.

Bem, essa pode ter sido uma versão rápida e simplificada da história constitucional. Mas, eu prometo a você, é uma versão bastante precisa. Meu objetivo aqui não é apresentar uma história causal meticulosa do direito global e do pensamento constitucional. Ao contrário, estou oferecendo o que o sociólogo Charles Tilly chamaria de "história superior", uma história que é, certamente, consistente com relatos completos e adequados da história, mas destinada a esclarecer, em vez de detalhar, todos os mecanismos e processos.[18] Meu argumento essencial ao explorar as seis soluções que se seguem é que as falácias seculares nas quais baseamos nossas leis nos fizeram acreditar que teríamos uma ordem boa e estável se organizássemos nossas sociedades com base em uma hierarquia de leis e uma crença na liderança. O que quero mostrar nos capítulos seguintes é como, na verdade, a dependência dessas falácias seculares atrofiou nossa capacidade de praticar a democracia de forma adequada.

Para entender essa conjuntura, precisamos lembrar que a lei é uma construção artificial, um mero parâmetro que marca o comportamento aceitável. Uma constituição é a forma mais elevada de lei e, portanto, a forma mais elevada dessa artificialidade. É o conjunto de regras que organiza um Estado e orienta as interações entre todos nós. De modo direto ou por meio de interpretação, ela nos diz se homossexuais podem, legalmente, ter relações íntimas na privacidade de seus lares e se podem se casar e desfrutar da proteção financeira do Estado. Ela nos diz se podemos possuir armas legalmente. Se podemos ajudar alguém em profunda dor a encerrar sua vida. Se uma mulher tem o direito de interromper uma gravidez. Ela nos diz todas essas coisas. Ou tenta. Às vezes, não o faz. Na maioria das vezes, como exploro a seguir, ela nos diz tudo de maneira muito ambígua.

A maioria das leis comuns surge a partir de propostas que têm origem no legislativo, em outra área do governo, ou em um grupo de interesse ou até mesmo um indivíduo. Nos melhores casos, governo e grupos de interesse discutem minutas da ideia, que, se for bem-sucedida o suficiente para chegar ao *status* de projeto de lei – uma proposta de lei –, será debatida, e pessoas com conhecimentos relevantes serão convidadas a opinar sobre os méritos ou desvantagens da proposta de lei. Com o tempo, se a ideia chegar a tal ponto, será submetida a votação – uma votação do legislativo, ou do legislativo e de uma câmara superior, caso exista. Ou uma votação pública. E talvez até a uma combinação dos dois. A lei que por fim emerge idealmente terá sido formada por meio de muitas interações entre muitas entidades, incluindo comitês com, às vezes, membros do público. Quanto mais corpos envolvidos na votação real, mais "pontos de veto" – oportunidades para a proposta de lei ser alterada, eliminada ou substituída por uma contraproposta.

Como disse a cientista política Ellen Immergut, "ao imaginar sistemas políticos como conjuntos de arenas interconectadas e ao examinar as regras de representação dentro de cada uma, pode-se prever onde tais 'pontos de veto' provavelmente surgirão".[19] Talvez tenha sido por esse motivo que, quando a rede de televisão ABC, nos Estados Unidos, décadas atrás, exibiu breves desenhos animados educativos para instruir crianças, eles explicaram os Poderes Executivo, Legislativo e Judiciário do governo estadunidense e seu papel na elaboração de leis como um "espetáculo desorganizado".[20] Ou, em vez disso, fique com uma frase que foi atribuída a Mark Twain e Otto von Bismarck, entre outros: "As pessoas que amam salsichas e respeitam as leis nunca deveriam assistir à fabricação de qualquer uma delas".[21] Essa é a realidade da elaboração de leis, mesmo quando são elaboradas de forma democrática.

Então, e agora? Se acreditamos nessa história, se a forma como fazemos as leis é bagunçada e, de alguma maneira, imprevisível, na melhor das hipóteses, e se a forma mais elevada de lei é, na melhor das hipóteses, ambígua e com frequência sujeita à interpretação, qual ancoragem temos para nossas democracias, para nossas sociedades? Apenas aceitamos democracias quebradas, políticas fracassadas e sociedades aparentemente sem rumo e continuamos trabalhando para tentar melhorar as regras? Apoiamos a anarquia? É dito com frequência que, afinal, a democracia é simplesmente a menos ruim de todas as formas de governo e ainda muito menos problemática que o arbítrio das multidões. Isso é suficiente? Ou devemos tentar outra coisa, algo radicalmente diferente desses dois extremos?

Numa tarde de fim de verão, de volta à minha residência atual, Oxford, parei em um parquinho em um bairro socialmente diverso e pensei em tudo isso enquanto observava meu filho e outras crianças de variadas origens raciais e socioeconômicas trabalharem juntas para resolver um problema em uma bomba d'água, sem que nenhum deles, ou qualquer adulto, dissesse aos outros o que fazer: ideias heréticas sobre a obediência e a democracia brotaram. De repente, pensei: e se tivéssemos seguido o caminho oposto, junto com Cícero, Tzu e pensadores diferentes? E se nos uníssemos quando fosse necessário desobstruir bombas d'água, para ajudar a resolver problemas de forma espontânea e sem esperar pela autoridade? E se essa fosse a nossa maneira de entender o que significa ser um bom cidadão, um bom espectador?

As regras, e sobretudo as leis, são um substituto, na melhor das hipóteses, para a verdadeira ordem: para o tipo espontâneo de ordem que surge quando pessoas comuns, como você, eu e a mulher ao nosso lado no ônibus, se importam o suficiente com algo para fazê-lo funcionar para todos os envolvidos, sem qualquer autoridade ou regra superior. O compromisso e a cooperação locais autoimpostos não conseguem se desenvolver nem prosperar se pedirmos que as regras e os tribunais façam o trabalho por nós. Isso porque eles não conseguem fazer. *Nós* devemos fazer.

PARTE 2
As soluções

2

Não faça tudo que seu mestre mandar

Em 2017, dois princípios simples – empatia e solidariedade – uniram-se por meio de um movimento virtual e descentralizado para derrubar um dos predadores sexuais mais esquivos e poderosos de Hollywood: Harvey Weinstein. Ao iniciar um processo que traria uma certa forma de justiça para suas vítimas, a *hashtag* #MeToo transformou-se em um fenômeno, tornando possível, por meio dos movimentos adicionais de milhares de indivíduos que compartilharam histórias dolorosas de abuso, causar uma mudança global na maneira como concebemos o consentimento, a autoridade e o poder. O efeito borboleta aconteceu diante de nossos olhos: pequenas mudanças em escala local resultaram em mudanças muito grandes em escala global.[1] E dessa vez o mundo, os cidadãos e os governos tiveram que prestar atenção.

Um dos principais problemas com as leis, sobretudo com nossas constituições modernas, é que seu foco está na liderança centralizada e hierárquica – elementos que são, no mínimo, ortogonais ou mesmo forças contrapostas aos processos descentralizados e não hierárquicos do #MeToo e de outros movimentos sociais importantes, que promoveram melhorias substanciais na forma como desfrutamos de direitos e tratamos os outros. Faz sentido, historicamente, que a lei seja assim, uma vez que as protoconstituições, como a Carta Magna, surgiram da necessidade de controlar a liderança absoluta e regulamentá-la, limitando-a para torná-la menos arbitrária.

Assim, nossas constituições modernas e leis eleitorais nos dizem que o líder, o principal executivo, será aquele com mais votos – uma maioria absoluta, ou uma pluralidade, ou o que quer que a lei eleitoral estabeleça. Esse líder pode vencer por uma pequena margem de votos para atingir a maioria ou a pluralidade exigida, e ainda assim ele ou ela, ou seu partido, passa a representar e liderar todos os membros daquela coletividade: em geral, um conjunto diversificado de pessoas, e muitas vezes por um número fixo de anos. Houve e continua a haver um importante debate no direito constitucional e na ciência política sobre a instituição da presidência, o papel do primeiro-ministro, os relativos méritos e desvantagens dos sistemas presidenciais e parlamentares. Com base, sobretudo, na violência em torno das recentes disputas de liderança presidencial nos Estados Unidos e no Brasil, ou nos escândalos da última década que envolveram a liderança parlamentar no Reino Unido e na Alemanha, um número crescente de nós começa a questionar se a Carta Magna e seus sucessores ainda podem realizar o trabalho para o qual foram projetados, se é que algum dia puderam: controlar a liderança e fomentar o tipo de liderança responsável e respeitável, digna de nossa lealdade.

Quase toda democracia do mundo que tenha uma constituição, em algum momento, enfrentou problemas com a liderança: corrupção, como na Áustria em 2021; extremismo, como na Itália em 2023; incapacidade de se relacionar, construtiva e respeitosamente, com um adversário, como nos Estados Unidos no final da administração de Donald Trump, em 2021. Houve escândalos envolvendo todos os tipos de má conduta, desde mentiras até crimes sexuais e uso inadequado das finanças, além do que parece ser uma retórica incendiária constante, pelo menos em algumas democracias. Nesses casos, os líderes publicamente culpam seus oponentes políticos pelos problemas do país, quando deveriam, em vez disso, demonstrar atitudes exemplares de respeito e cooperação como parte de seu mandato para "liderar" seu povo.

Quando comecei a defender a escolha constitucional, por exemplo, em uma palestra para ex-presidentes e primeiros-ministros de todo o mundo no Club de Madrid, eu fazia parte de um grupo de acadêmicos que sugeria que os sistemas presidenciais eram muito problemáticos em razão da estrutura normativa inerente às constituições presidenciais.[2] As constituições parlamentares, como as da Alemanha ou da Itália, eram caracterizadas por um chefe de governo que precisava de apoio parlamentar para assumir o cargo e se manter nele, a fim de implementar políticas e governar. Um primeiro-ministro impopular poderia ser retirado do cargo por pressão suficiente do Parlamento e por uma moção de desconfiança. Argumentamos que essa possibilidade dava aos primeiros-ministros mais incentivos para negociar com o parlamento e chegar a um consenso sobre políticas para sobreviver; em consequência, observamos que a negociação e o consenso ocorriam, com mais frequência, nos sistemas parlamentares do que nas constituições presidenciais. Tinha de ser assim. Nas constituições presidenciais, o chefe de governo não é alguém que assume o cargo indiretamente, após seu partido político obter a maioria dos votos em uma eleição nacional. Em vez disso, o chefe de Estado é eleito de maneira direta pelo povo em uma eleição separada das eleições para o Legislativo, portanto há menos incentivos para a cooperação desde o início. Os mandatos presidenciais e legislativos são fixos, não dependem um do outro, e as datas de novas eleições são conhecidas com grande antecedência.

Assim, naquela época, para nós o problema era o *tipo* de regra, não *todas* as regras. Esse talvez ainda seja o caso. O sistema presidencial, com seus mandatos eleitorais fixos e suas incumbências separadas dos Poderes Executivo e Legislativo, na verdade estrutura e facilita o impasse e a divisão, além do tipo de estagnação política que, se existe um Exército e uma história de envolvimento militar na política, torna mais provável, em comparação a um sistema parlamentar, que o resultado seja um golpe, ou, como vimos nos Estados Unidos, ou mais recentemente no Brasil, uma insurreição. Mas será que a constituição parlamentar é realmente muito melhor? Considere o Reino Unido, um sistema parlamentar com uma constituição não codificada – uma constituição composta não por um único documento, mas por uma coleção substancial de estatutos relevantes que existem há cerca de 800 anos. Defensores do sistema parlamentar dirão que, apesar dos muitos desafios que surgiram nas décadas pós-guerra, o Reino Unido nunca passou por um golpe ou uma insurreição no estilo estadunidense, porque um primeiro-ministro impopular simplesmente perde seu apoio no parlamento e não tem escolha senão buscar acordos de apoio de outros partidos, ou renunciar sem o uso de força ou violência. Verdade. Contudo, a falta de violência não significa que o Reino Unido seja uma democracia de maior qualidade, que seja bem governado, ou que sua liderança desfrute de ampla legitimidade.

Basta olhar para o desempenho de Boris Johnson durante a pandemia de covid-19; o *partygate*; o escândalo sexual que envolveu seu ministro durante o confinamento; o comportamento das forças policiais e de outras instituições durante esse período; e, em seguida, a rápida sucessão de primeiros-ministros após ele, por fim e com relutância, renunciar. Os mercados entraram em turbulência, seu sucessor durou menos de dois meses no cargo antes que Johnson e outros membros do Partido Conservador entrassem de novo na acirrada corrida. Isso é bom o suficiente? As políticas e a liderança durante esse período podem não ter parecido ser tão ruins quanto no Congresso estadunidense, mas as políticas e a liderança certamente não impediram que muitos fossem abusados pela polícia ou outros morressem de covid-19. Portanto, será que as regras do sistema parlamentar provaram ser melhores que as do outro lado do oceano, onde constituições presidenciais estão incentivando disputas mais violentas pelo poder? Isso é o melhor que podemos fazer?

Ao seguir todas essas regras e confiar nelas para gerar o resultado certo, esquecemos, pelo caminho, de nos perguntar se aqueles que estão emergindo como líderes são realmente dignos de nossa lealdade, mesmo que todas as regras tenham sido seguidas; ou se, como um algoritmo problemático que nos mostra anúncios de algo que não temos interesse em comprar, o processo e todas as regras, em conjunto, promoveram um grande erro.

Qual é a alternativa à liderança em uma democracia, ou mesmo às leis eleitorais que nos dizem como escolher nossos líderes? Autossuficiência espontânea, horizontal e não hierárquica. Acabamos de testemunhar alguns exemplos muito importantes de boa organização democrática: a ordem espontânea, não hierárquica, durante a pandemia em 2019-2021, que funcionou no mundo real e o fez enquanto os líderes fracassavam, em meio a uma insurreição, possivelmente instigada pelo próprio presidente cujo mandato acabava de expirar, em uma das democracias mais importantes do mundo. Esses exemplos nos mostraram, na maioria das vezes, uma ordem emergente e construtiva. Na verdade, enquanto muitos governos e suas estruturas apresentavam falhas agudas ao longo dos últimos anos, agíamos rápida e efetivamente por conta própria, a nível local, mas com movimentos espelhados pelo mundo afora, sem esperar que uma liderança hierárquica nos instruísse. Fora e apesar do governo, tanto o movimento social pós-Occupy quanto as sociedades de ajuda mútua que surgiram em resposta à pandemia demonstraram que podemos e iremos buscar o que consideramos justo. Nas condições certas, estabeleceremos a ordem certa. Auxiliado por redes de mídia social, o movimento Black Lives Matter utilizou protestos espontâneos para energizar e incentivar uma geração de ativistas jovens que se uniram em torno de um objetivo comum. As sociedades de ajuda mútua da covid-19 foram para as ruas e entregaram cuidadosamente alimentos e medicamentos a pessoas em confinamento, enquanto seus governos ainda discutiam a importância das máscaras faciais. Ambos os movimentos indicam que temos a fibra moral para viver sem uma ordem estável e sem seguir líderes às cegas, e para vivermos bem juntos. Ou, pelo menos, tão bem quanto se deixássemos tudo nas mãos do governo.

Há alguns anos, na cidade francesa de Grenoble, localizada na base dos Alpes franceses, um grupo de estranhos se reuniu espontaneamente em um conjunto habitacional conhecido como Villanueva para retirar dois irmãos de um apartamento em chamas. Os meninos, de três e dez anos, estavam presos a quase 15 metros de altura. Sete homens, imigrantes de várias ex-colônias francesas, ouviram os gritos deles e se reuniram do lado de fora do prédio. Nenhum deles se conhecia. Sem hesitar, eles se organizaram rápido, entrelaçando os braços e gritando para os meninos pularem. A maioria desses sete homens ficou ferida no resgate, vários precisaram de cirurgias; a queda dos meninos quebrou alguns braços, dedos e até ombros dos bons samaritanos. No entanto, os garotos saíram ilesos. Mais tarde naquele ano, a prefeitura realizou uma cerimônia para agradecer publicamente a esses homens por seu altruísmo, mas apenas seis dos sete receberam prêmios. O sétimo homem era um imigrante sem documentos, que fugiu logo após sua importante participação no resgate. Ele arriscou não apenas quebrar seus ossos, mas também perder sua liberdade para ajudar esses meninos, e depois fugiu da lei.[3]

Esse pode ser um exemplo muito pequeno e passageiro, mas compartilha características com o altruísmo e a ação de vizinhos durante o furacão Katrina, em Nova Orleans, em 2005; ou de californianos comuns durante o terremoto de São Francisco, em 1906; e da onda de protestos que surgiu em um dos últimos espaços verdes e esferas públicas na cidade cada vez mais construída de Istambul. Em 2013, os planos do governo para se apropriar desse espaço a fim de construir um shopping desencadearam uma ação comunitária que se transformou em protestos, os quais, com o tempo, espalharam-se pelo restante da Turquia. Conhecido como o movimento Parque Gezi, os protestos subsequentes que ocorreram em todo o país foram comparados ao Maio de 1968 e ao movimento Occupy. Zeynep Tüfekçi descreve em uma de suas análises: "Os protestos do Parque Gezi, da mesma maneira que muitos outros protestos ao redor do mundo, favoreceram a auto-organização e rejeitaram a política e as organizações formais. Voluntários gerenciavam tudo, inclusive cozinhas comunitárias, bibliotecas e clínicas que cuidavam tanto de manifestantes com pequenos problemas de saúde quanto daqueles com ferimentos graves".[4] Isso representa uma autossuficiência espontânea, horizontal e não hierárquica, focada em uma questão específica ou em um conjunto de queixas. Muitas vezes, ela é provocada ou inspirada por uma necessidade imediata, uma ação ou inação governamental que deixa um vácuo – um abismo entre o que está sendo fornecido e o que os cidadãos desejam ou precisam. Ela lembra, de certa forma, as economias paralelas que surgiram nas economias centralmente planificadas do bloco soviético, com a diferença crucial, é claro, de que, ao contrário das economias paralelas sob o regime comunista, esses movimentos e suas economias não visam ao ganho privado sorrateiro, mas ao reconhecimento de objetivos comunitários bem públicos. Às vezes, eles conseguem seu intento.

Em 2012, Andrew Haldane, representante do Banco da Inglaterra, afirmou, em público, que o movimento Occupy estava tanto moral quanto intelectualmente correto em suas críticas ao sistema financeiro internacional. Em 2014, a Assembleia Municipal de Los Angeles aprovou uma resolução para apoiar o movimento Occupy na cidade e abraçar algumas de suas preocupações e metas.[5] Uma conversa entre os cidadãos auto-organizados e o governo local teve início.

Isso pode parecer muito moderno, já que as redes sociais desempenharam um papel destacado na história do Occupy e de outros movimentos similares. É certo que algumas dessas iniciativas de autoajuda independentes fizeram uso das redes sociais para se organizar e consolidar, mas outras não. Na verdade, esse não é um requisito, e aqueles sem acesso à internet ou a aplicativos em seus telefones têm de se auto-organizar e conseguem fazê-lo.[6] Um exemplo foram as manifestações regulares às segundas-feiras, em Leipzig, na Alemanha Oriental, na década de 1980, as quais consistiam de um número pequeno de manifestantes que divulgava localmente que se reuniria naquele dia em uma parte específica da cidade para protestar contra o governo socialista e a liderança autoritária de Erich Honecker. Criando o que os economistas comportamentais chamam de cascata de informações, os manifestantes possibilitaram que cidadãos comuns testemunhassem fisicamente o crescente descontentamento com o regime, à medida que o número de manifestantes aumentava a cada semana. Eles conseguiram compartilhar informações sobre o precário estado político e econômico do país e do regime de forma geral, ao contrário da propaganda positiva divulgada pelos governos da Alemanha Oriental e da União Soviética, e a opinião pública, pouco a pouco, voltou-se contra o regime, culminando na queda do muro de Berlim.[7]

Portanto, o que podemos aprender a respeito da cooperação espontânea e tentar incuti-la como um comportamento padrão em vez de um comportamento extremo em tempos extremos? Existem cinco elementos comuns a todos esses exemplos. Em primeiro lugar, há uma necessidade concreta, um vácuo a ser preenchido. Em segundo lugar, essa necessidade é difundida e as pessoas agem para supri-la, muitas vezes divulgando informações precisas e de primeira mão. Terceiro, aqueles que agem o fazem apenas por se tratar de uma necessidade que, de alguma forma, é compartilhada – um estresse compartilhado. Quarto, se houver um perigo iminente ou um mal metafórico, este ou sua causa é visto como emanando de fora da comunidade imediata – é externo. E, em quinto lugar, uma minieconomia de indivíduos auto-organizados se desenvolve em torno dessa necessidade para apoiar o trabalho braçal a ser feito.[8]

Alguns detalhes adicionais podem nos ajudar a tirar algumas lições. Charles Fritz, um soldado estadunidense baseado em Bath, Inglaterra, durante a Segunda Guerra Mundial, observou, com grande curiosidade e atenção antropológica, o comportamento de seus círculos sociais imediatos durante a guerra. Apesar do sentimento geral de medo e da sensação de privação em todo o mundo na época, as pessoas em seu entorno imediato pareciam esperançosas e relativamente felizes. Ele ficou impressionado pelo fato de que "as tradicionais distinções de classe britânicas haviam desaparecido em grande parte dos lugares. Pessoas que nunca tinham se falado antes da guerra, agora mantinham relações pessoais calorosas e atenciosas; falavam abertamente sobre suas preocupações, seus medos e suas esperanças; e com alegria compartilhavam seus recursos escassos com outros que passavam por necessidades maiores. Mesmo que os militares estadunidenses e de outros países aliados pudessem ter se sentido objeto de ressentimento por aumentarem a concorrência por recursos escassos, eles foram calorosamente recebidos nas casas britânicas, onde encontraram um ambiente doméstico longe de casa, o qual amenizava a solidão em relação à distância de seu próprio lar e de sua família".[9]

Mais tarde, ao retornar aos Estados Unidos para estudar sociologia na Universidade de Chicago, Fritz passou a publicar alguns dos trabalhos mais fascinantes sobre desastres e sua relevância para a vida cotidiana, os quais detalhavam o que ele considerava os "efeitos terapêuticos dos desastres" e apresentavam formas de aproveitar a grande onda de comportamento altruísta e pró-social que surge após um desastre e de usá-la de modo a contribuir para nossa vida social de maneira sustentada.[10]

O que a pesquisa dele descobriu? Não há muita discussão sobre regras e leis. Se pensarmos a respeito, regras e leis são algumas das primeiras coisas a serem suspensas em tempos de emergência. Em uma vida anterior, isso teria me causado pânico, porque, quando as regras e os direitos são suspensos em nome da "emergência" e da "ordem pública", os governos podem tirar proveito desse espaço e, às vezes, fazem-no para promover agendas controversas.[11] Mas o que Fritz descobriu foi que, seja lá o que os governos possam estar fazendo durante esses tempos, a agressividade dos cidadãos comuns em relação a outros, assim como nossa agressividade em relação a nós mesmos, não aumentava, pelo menos não durante o desastre. Ela diminuía. Além disso, as descobertas um tanto contraintuitivas de Fritz mostraram que os desastres eram seguidos, com frequência, por uma elevação imediata do moral entre as comunidades vitimadas à medida que o desejo por um retorno rápido à normalidade se difundia pela comunidade. O que parece mais importante para nós é que Fritz acreditava que havia maneiras concretas de usar essa tendência humana inata para agir de forma construtiva e cooperativa e transformá-la em algo que, bem, vamos chamar de "cotidiano". Os elementos "terapêuticos" das sociedades de desastre temporárias, como ele as chamou, são transformados em fundamentos mais duradouros e rotineiros de nossas comunidades.

As calamidades mobilizam os indivíduos e promovem comportamentos altruístas, ao contrário de outros tipos de estresse enfrentados por eles. Desastres naturais são concretos (um terremoto, uma pandemia, um tsunami são visíveis e mensuráveis), em vez de vagos e abstratos, e são percebidos como atos externos, atos de alguma origem quase sobrenatural, em vez de atos humanos que são tanto internos à comunidade quanto humanamente concebidos. Essa combinação significa que desastres são muito diferentes das tensões da vida cotidiana e das ameaças à segurança que surgem do racismo, da homofobia e de outras divisões e tensões em nossas sociedades.

Os desastres são monstros externos grandes e quantificáveis, em vez de internos e amorfos. Isso não significa que não possamos mudar nossa resposta a esses monstros internos e amorfos. Primeiro, precisamos adotar medidas para inverter a situação: começar por reconhecer o estresse cotidiano como um estresse compartilhado, uma espécie de crença de que "estamos todos no mesmo barco". A morte de um ente querido, um divórcio, a adoção de uma criança – esses são assuntos profundamente privados em nossas sociedades industriais modernas. Embora a maioria das mídias incentive a prática privada da atenção plena (*mindfulness*) e do relaxamento no aconchego do lar, eu me pergunto se não seria possível incentivar o oposto: dramatizar o estresse experimentado por um membro de nossa comunidade como um evento compartilhado. Minha filha de seis anos me conta que uma colega de escola está prestes a perder o pai em decorrência de uma doença terminal: o que podemos fazer, como uma comunidade de pais, professores e crianças, para dividir o estresse da morte desse pai? Como podemos abrir espaço tanto para a privacidade e a dignidade da família imediata – a intimidade dos últimos momentos preciosos juntos – quanto, como comunidade, para o lamento coletivo da perda e para o compartilhamento do estresse da ausência desse pai? Isso acontece às vezes e em certa medida em algumas culturas, mas não com frequência suficiente. Também devemos trabalhar com afinco para reconhecer o estresse cotidiano do racismo, da misoginia e de outras injustiças como males públicos, não apenas contra alguns de nós, mas contra todos nós, como insultos à comunidade como um todo.

Por quê? Porque o que as pesquisas nos mostram é que comunidades que historicamente cuidavam umas das outras, e não apenas durante desastres, também eram aquelas que compartilhavam estresse com regularidade, que transformavam os ataques pontuais ao bem-estar de um indivíduo em um ataque à vida pública, e não apenas à privada.[12] Mudanças induzidas por um trauma são mais fáceis de aceitar e processar quando amplamente compartilhadas, como em situações de desastre, e as comunidades que compartilham essas dores são mais robustas e resilientes.

Se a vida moderna faz com que mantenhamos nossos próprios traumas no domínio privado, também faz com que a frustração e os traumas da vida cotidiana permaneçam dentro de cada um de nós, e assim se tornem isoladores e desagregadores. O isolamento e a divisão nos devolvem ao mundo hobbesiano de cada um contra todos, a razão pela qual regras, leis e constituições foram desenvolvidas – para corrigir esses aspectos desde o início. Não surpreende que elas não funcionem para incentivar o altruísmo e a comunidade nem para combater a divisão e o isolamento. Isso porque, ao tentar nos oferecer um Leviatã, essas leis e constituições tiraram aquilo de que, provavelmente, mais precisávamos: experiência e responsabilidade compartilhadas.

Os estudiosos vêm se perguntando como uma crise compartilhada pode afetar divisões sociais de longa data, não apenas as de classe, como Fritz testemunhou, mas também as raciais e étnicas. Eles documentaram algo fascinante: que as perdas compartilhadas, como as que ocorrem durante desastres naturais, inspiraram objetivos transcendentais e deram às pessoas uma razão para se reunirem e trabalharem juntas, mesmo que isso significasse cruzar algumas fronteiras invisíveis.

As divisões por classe, etnia e hierarquia foram, pelo menos temporariamente, superadas durante esse processo – e isso levou a utopias temporárias, em que as pessoas se uniram para, simplesmente, ajudar umas às outras, não importavam as ligações anteriores a grupos de exclusão mútua. Agora, essas divisões não são apagadas com facilidade, e eu não estou afirmando que, entre os inúmeros países com divisões profundas, aqueles que também sofreram desastres naturais ressurgiram magicamente dos escombros. Mas os desastres naturais atingem a todos e não discriminam. Seus efeitos afetam de maneira desproporcional aqueles cuja infraestrutura é menos bem construída, certamente, e isso, com frequência, está ligado à classe e à raça. E pode ser, e muitas vezes é, polarizante. No entanto, existe ainda assim um sentimento de compartilhamento da destruição causada por um evento externo e aleatório, e ao externalizar essa destruição e enfatizar que ela não foi causada por um membro da comunidade, e ao reconhecer que ela afetou e nivelou o mundo de todos, é possível que surja o tipo de paisagem social não estruturada que é, digamos, uma tábula rasa, com novas possibilidades, novas oportunidades para inovação, cooperação e mudança.

A relevância do trabalho de Fritz e de outros e as possibilidades por eles levantadas foram examinadas algumas décadas depois por Rebecca Solnit, cujos próprios relatos de "paraíso construído no inferno" apresentaram histórias inspiradoras de solidariedade, ajuda mútua e sociedade civil genuína em ação durante desastres tão diversos quanto o Blitz em Londres, nos anos 1940, e o terremoto na Cidade do México em 1985 – contrariando a sugestão dominante de que as crises são sempre seguidas por saques e atos de extremo egoísmo. Ela conclui seu trabalho, de maneira comovente, afirmando que as pessoas e organizações que ela pesquisou para seu livro são capazes de agir porque são "motivadas pela esperança e pelo amor, em vez de pelo medo. Elas são parecidas com um governo na sombra – outro sistema pronto para fazer mais, se fosse eleito para governar. O desastre o elege [...] O desastre revela o que mais o mundo poderia ser."[13]

Podemos fazer o mundo parecer igualmente bom hoje, como parece durante os desastres graves, sem a destruição que trazem para as comunidades e para as vidas, mas sim com a demolição que trazem para nossos medos e nossa alienação; para as barreiras de classe, raça e etnia; para nossa privatização profunda da vida e nosso olhar introspectivo. Não se engane: a privacidade é e deve ser central para nossos direitos e para nossas obrigações com os outros. Todos temos, como seres humanos, o "direito de sermos deixados em paz".[14] Mas, quando permanecemos tão ligados à privacidade que nos enterramos profundamente nela e a usamos como uma cunha entre nós e a comunidade, a própria privacidade se torna problemática e distorcida.

Podemos começar por compartilhar o estresse, que é uma ameaça a todos nós. Ainda que sejamos egoístas, sabemos que a pobreza em nossa comunidade imediata gera externalidades negativas que são problemáticas para todos – não apenas para os pobres. A pobreza aumenta as taxas de criminalidade, eleva os gastos com saúde e afeta a toda a população. Entretanto, além desse ponto de vista egoísta, também devemos sentir compaixão pelos pobres entre nós. Isso é compartilhar o estresse e tornar o mal algo externo, para que possamos, da maneira mais eficaz possível, encontrar uma solução para ele.

Podemos, então, passar a nos organizar em torno das necessidades imediatas, pois pode não haver sempre crises, felizmente, mas sempre haverá necessidades. Um exemplo: em determinados países, as escolas públicas oferecem merenda escolar, subsidiada pelo governo, para que as crianças possam ter garantida, pelo menos, uma refeição nutritiva e balanceada por dia, durante a semana escolar. No entanto, atrasos na legislação afetam, com frequência, a distribuição dessas refeições. Em um exemplo recente na Escócia, ministros governamentais e professores travaram uma disputa por causa da merenda, no que diz respeito à extensão das refeições escolares gratuitas a todos os alunos do ensino fundamental.[15] Os debates geram atrasos e acusações de culpa, não apenas na Escócia, mas também em outros países ao redor do mundo, porque a questão é política – nem todos concordam que precisamos gastar o dinheiro dos contribuintes para alimentar crianças. E, como consequência, as políticas nessa área tendem a ser implementadas de maneira desorganizada, embora saibamos como essas refeições são importantes para o desenvolvimento das futuras mentes de nossos países.

Recentemente, após a pandemia, um grupo de pesquisadores de vários países europeus analisou famílias de baixa renda com crianças pré-adolescentes e adolescentes no rescaldo da crise financeira de 2008 no Reino Unido, em Portugal e na Noruega. Com base nos dados, eles concluíram que "refeições escolares nutritivas, financiadas pelo governo, protegem as crianças dos efeitos diretos da pobreza sobre sua segurança alimentar, enquanto a oferta de alimentos escolares subfinanciada e sem regulamentação adequada agrava as experiências de desvantagem e exclusão delas".[16]

Então, por que esperar por um processo legislativo em casos como esse? Sim, podemos acreditar que os governos precisam pensar sobre esse assunto de maneira mais sistemática e devemos, definitivamente, incentivá-los a fazê-lo, mas em muitas partes do mundo as pessoas não ficaram paradas. Bancos de alimentos ou centros de distribuição de alimentos têm surgido à medida que cidadãos comuns se voluntariam para fornecer acesso a alimentos excedentes para aqueles que precisam, incluindo crianças em idade escolar. Desde centros mais organizados, que usam doações para financiar seu trabalho, coletando alimentos excedentes de supermercados e atacadistas e redistribuindo-os para organizações de caridade locais, até pontos bem específicos, em um centro ou um jardim comunitário, onde pessoas mantêm uma geladeira com ovos e vegetais frescos e incentivam os moradores a pegarem o que precisam. As políticas governamentais são lentas e incrementais; elas sempre estarão cheias de atrasos e reviravoltas. E, a julgar pelas refeições escolares frequentemente fornecidas, tanto o valor nutricional quanto o sabor são inconsistentes quando se trata de criar uma população saudável e satisfeita. Bancos de alimentos e centros locais estão enraizados nas comunidades em que trabalham e, muitas vezes, têm um senso de responsabilidade maior que os governos – eles não oferecerão apenas pizza congelada e batatas assadas, mas tentarão compartilhar produtos frescos, cultivados ali mesmo, e farão isso de uma maneira que reduza o desperdício geral. Alimentos locais para pessoas locais.

Vamos tomar o exemplo de Oxford, no Reino Unido: uma cidade de bela arquitetura e sede de uma universidade de classe mundial, mas onde 29% das crianças vivem abaixo da linha da pobreza. O condado de Oxfordshire possui 83 subdivisões e dez delas estão entre as 20% mais carentes da Inglaterra. Por essa razão, grupos como o Oxford Food Hub (OFH), administrado exclusivamente por voluntários, trabalham para ajudar a aliviar a pressão alimentar sem esperar que o governo faça algo a respeito.[17] Fornecedor para mais de 150 organizações em toda Oxfordshire, o OFH oferece o equivalente a cerca de 20 mil refeições por semana – e isso inclui as escolas de Oxford.

Este primeiro capítulo sobre soluções trata, na verdade, sobre liderança. A questão não é como obtê-la ou melhorá-la, mas sim como nos afastar dela e o motivo de parecer que realmente não precisamos dela para algumas das tarefas mais importantes e imediatas que enfrentamos no dia a dia. Isso não significa que devemos abolir estruturas governamentais e governar como uma multidão. Não significa que devemos desobedecer a todas as leis e ignorar os líderes que já estão no poder.

Não significa que devemos quebrar as regras existentes e nos envolver em comportamentos disruptivos para mudar as políticas. Ao contrário, significa que vamos nos movimentar lateralmente, tomando medidas para começar a construir o tipo de comunidades inclusivas e de autocuidados que queremos e precisamos, conforme demonstrado por esses exemplos. Quando nós, como cidadãos devidamente auto-organizados, sabemos o que queremos e o que precisamos, podemos então caminhar em direção a versões de autogoverno boas e construtivas, na forma de ações que adotamos como um coletivo, decisões que tomamos para nossas comunidades e ajuda que oferecemos uns aos outros. Assim haverá menos trabalho para os líderes eleitos fazerem, ou os representantes eleitos serão direcionados de maneira mais eficaz para que, basicamente, sigam nossa liderança.

Os críticos podem contestar tais afirmações, ao sugerirem que o caminho a ser seguido envolve apenas encontrar as regras certas e talvez envolver o público de forma mais direta nos processos governamentais e na elaboração das leis, como sugerem os defensores de lotocracia ou sorteio democrático, experimentos nos quais os cidadãos são escolhidos, ao acaso, para nos representar e tomar decisões que valerão para a coletividade. Alguns partidários dessa ideia também acreditam que podemos começar esses projetos no nível local e, mais tarde, mudar de escala, de modo a fornecer uma forma alternativa de governo em nível nacional.[18] Eu posso entender o apelo dessa ideia e acredito que o diálogo e a comunicação com o governo local são um primeiro passo importante. No entanto, a ideia de lotocracia, na prática, traz memórias muito ruins de minha atuação como jurada em um dia frio em Boston, quando todos nós ficamos reunidos em uma sala esperando por nada, uma vez que o simples fato de estarmos presentes e prontos para começar o julgamento, com um juiz de prontidão, significava que as partes envolvidas provavelmente chegariam a um acordo para evitar uma cena em pleno tribunal e uma decisão imprevisível do caso. Não fiz nem um amigo sequer durante aquelas longas horas de espera, ninguém falou com ninguém, ninguém estava interessado em mais nada além de cair fora dali. Esse é, eu temo, um problema com o sorteio democrático como uma solução para nossas queixas atuais. Quando as pessoas não escolhem se reunir, mas são reunidas artificialmente em torno de uma causa ou questão com a qual talvez não se importem, não podemos esperar grande coisa em termos de solidariedade.

A lotocracia e outras formas de governo por comitês de cidadãos aleatórios colocam o carro na frente dos bois, pois sugerir tais projetos sem primeiro capacitar os cidadãos como representantes ativos e engajados da comunidade significa repetir o tipo de desenvolvimento problemático pelo qual já passamos. Já vimos exemplos de lotocracia e comitês de cidadãos – tanto no Reino Unido quanto na França – onde governos frustrados introduziram comitês desse tipo para debater e ajudar a propor legislação sobre questões complexas, como a mudança climática e, mais recentemente na França, a eutanásia. Em vários casos, os experimentos foram alvo de críticas severas por não serem verdadeiros comitês de cidadãos com poder legislativo ou mesmo influência, mas meros palcos para a ação governamental. Quando, pouco tempo atrás, perguntei a um intelectual público francês sua opinião sobre esses comitês, ele os descreveu como "idiotice". E eram, ao menos na forma que haviam assumido até o presente momento no seio de uma república democrática que ele passara a carreira defendendo.

A filósofa Cristina Lafont observa que muitas das formas alternativas de democracia representativa que foram propostas, como a lotocracia, ainda exigem o que ela chama de deferência cega – deferência dos governados para com os governantes, não importa como são escolhidos ou quantos são. A alternativa seria o pleno endosso de leis e políticas por aqueles que estão sujeitos a elas, mas após um debate sobre como gerenciá-las em nível nacional.[19] Assim, os minipúblicos que os acadêmicos defendem ainda enfrentam problemas e críticas. Para mim, eles são problemáticos por essas razões, mas também porque seu foco está em consertar o mecanismo de entrada para a tomada de decisões, em vez de pensar na democracia em termos de ações, sobretudo.

Tais propostas também exigem uma forte conexão social que você não encontrará em uma área de grande escala, seja uma democracia deliberativa ou não. Pare por um instante e pense na saúde cardiovascular. Um estudo importante analisou a probabilidade de sobrevivência por 12 meses após um primeiro ataque cardíaco. Entre outras coisas, descobriu-se que essa chance era 50% maior no caso de pessoas com "relacionamentos sociais fortes".[20] Isso significa que relacionamentos sociais fortes e positivos estavam em pé de igualdade com parar de fumar e eram até mais fundamentais que a obesidade como fator correlacionado.

Tomando essas descobertas como ponto de partida, psicólogos evolucionistas, como Robin Dunbar, investigaram o quanto estamos prontos a estabelecer laços sociais fortes; focaram no substrato neurológico do cérebro humano e nos mecanismos cognitivos mais importantes que nos permitem funcionar dentro de um grupo estável de relacionamentos estáveis – uma espécie de ordem social. E o tamanho médio da rede social que Dunbar descobriu e que funciona para nós é de apenas 150 pessoas. Esse é o número encontrado por Dunbar, e ele se aplica a grupos de caçadores-coletores, exércitos, organizações e todos os outros; até o tamanho médio das aldeias inglesas no passado era de 150 indivíduos. E, depois, ele vê isso se replicar nas 250 espécies de primatas. Nenhum primata vive em um grupo com mais de 50 integrantes.

Entretanto, olhando com mais cuidado, a rede social, de fato, dentro desses 150, acaba sendo apenas quatro ou cinco pessoas. Mesmo no Twitter ou no Facebook, os dados mostram que interagimos, de verdade, em um grupo de amizade, forte e relativamente estável, composto de quatro ou cinco pessoas. As camadas de contato social que ele identificou mostram proximidade emocional em um círculo mais íntimo de cerca de cinco pessoas. Esse grupo de cinco foi o mais associado ao bem-estar físico e mental. Dunbar também mostrou que estamos dispostos a fazer um favor para alguém dentro de nosso grupo amplo de 150, mas não além dele, a menos que também passemos a ter algum benefício.[21] É o grupo de cinco, proponho, e os círculos concêntricos em seu entorno, que deveriam ser a base para nossos grupos de cidadania. E o fato de realmente nos conhecermos e interagirmos bastante para fazermos planos relevantes para nossas sociedades é fundamental. É a antítese, de certa forma, dos comitês escolhidos ao acaso. Concordemos ou não com a interpretação dos dados no trabalho de Robin Dunbar e das subsequentes popularizações, adaptações e replicações do número encontrado por ele, a questão é que o tamanho importa. E quanto menor, melhor.

Ao aumentar de tamanho, além desse núcleo da rede social, corremos o risco de nos afastar do exato tipo de organização local cara a cara que importa aqui, que faz a democracia funcionar de verdade, se ela pretende ser autogovernança autêntica. E, em vez de abolir imediatamente o intermediário, pelo menos escolher aqueles que nos representarão entre aqueles que já conhecemos cria um relacionamento recíproco como primeiro passo em direção à democracia ideal – não uma lealdade cega aos governos que permitimos que nos governem enquanto seguimos com nossos trabalhos, nossas férias e nossa assinatura da Netflix.

Há algumas décadas, em uma sala de aula que já estava sufocante às 9h, olhei para um *slide* que apareceu em uma tela grande. A imagem exibida era uma estrutura de espuma que se assemelhava a um favo de mel. Eu estava no Instituto Santa Fé, no Novo México, um lugar, pode-se dizer, comprometido com o efeito borboleta – um termo que deriva da teoria do caos, aquele ramo da matemática que tenta entender e encontrar padrões na aparente aleatoriedade dos sistemas complexos de nosso mundo.[22] O jovem palestrante da Universidade Estadual da Pensilvânia suava enquanto descrevia o processo pelo qual bolhas de espuma formam uma estrutura estável ao longo do tempo, conhecido na dinâmica de fluidos como *coarsening*.

O melhor e mais delicioso exemplo do *coarsening* de uma estrutura de espuma é um copo de cerveja Guinness, tirada da chopeira. No início, o copo inteiro parece cheio de creme bege. Esse creme, na verdade, não é uma coisa única, mas uma espuma, milhões de pequenas bolhas grudadas umas nas outras, as quais compartilham lados que, com o passar do tempo, mudam. Algumas bolhas amolecem suas laterais e perdem gás para as bolhas vizinhas. Depois outras fazem o mesmo. E assim por diante, até que a maior parte do copo seja composta por uma bebida de cor caramelo, com uma única camada de bolhas bege por cima, a maioria delas se assemelhando às outras em tamanho e forma. Ninguém fez isso por elas. Provocadas pela liberação do líquido de uma torneira, as bolhas se organizaram e encontraram a ordem certa para elas naquele copo.

Quando um copo de Guinness é servido, esse processo, o *coarsening* de uma estrutura de espuma, acontece por conta própria, mas de uma maneira tão elegante que ele pode ser descrito por uma fórmula matemática.[23] E acredito que as bolhas na Guinness nos ensinam algo fundamental sobre nós mesmos: quando deixadas por conta própria, a natureza, as bolhas, encontram o caminho. Espontaneamente, elas se organizam em uma estrutura que funciona bem para todas elas. Por um tempo, estão em um equilíbrio harmonioso, algo perceptível: podemos vê-lo e senti-lo. Ninguém lhes diz como se comportar, elas se auto-organizam e, depois de desfrutar desse estado de nirvana por um certo tempo, sabem que chegou a hora de se dissolver.

No entanto, quando algo interrompe esse processo descentralizado e natural, o resultado é uma desordem plana ou um tipo diferente de ordem, que é problemática. Na dinâmica de fluidos, esse desenvolvimento interrompido, que muitas vezes termina com o domínio de uma só bolha, é conhecido como a propagação de um único defeito e, em geral, é o resultado da interferência humana no processo natural das bolhas.

Vamos imaginar uma interrupção no desenvolvimento das bolhas enquanto tentam se auto-organizar em uma placa de laboratório. Uma única bolha grande aparece na placa em decorrência do erro do técnico de laboratório, que acidentalmente deixou um pouco de ar entrar na placa, no momento errado. Essa única bolha de ar é cercada por bolhas menores, que tentam fazer seu trabalho, mas falham. Com o tempo, a bolha central cresce e aos poucos passa a dominar o espaço, como um autocrata. Ela suga o ar de bolhas vizinhas. O lado delas desmorona, e a bolha central fica maior. Vi isso acontecer no Instituto Santa Fé. Mas também vi isso acontecer na sociedade, com pessoas – não bolhas, mas pessoas – ao longo da história.

Façamos de conta que essa única bolha grande seja o Partido Nazista Alemão, o *Nationalsozialistische Deutsche Arbeiterpartei* (ou NSDAP), que funcionava de maneira muito organizada e hierárquica, através de uma liderança que mobilizava seus membros por meio de uma mistura sociopata de crueldade e carisma, retirando "ar" e votos dos outros partidos políticos na Alemanha naquela época, levando alguns deles à extinção.[24] Aos poucos, o Partido Nazista dominou todo o espaço político. Você pode ver esse processo, a queda da democracia de Weimar e o subsequente surgimento dos nazistas, em uma placa de Petri. O que ocorre nesse laboratório é a sensação mais próxima, acho, de estar lá, de ver esse desmoronamento e o surgimento do Terceiro Reich em pessoa.

Obviamente, essa é uma maneira excessivamente simplificada e controversa de pensar sobre a complexidade desse período da história mundial. Eu deveria saber disso, afinal, escrevi sobre esse assunto em outro lugar, baseando-me em muito mais do que uma placa de plástico de um laboratório: arquivos, entrevistas e pesquisas antigas de estudiosos respeitáveis.[25] Mas essa é uma analogia importante, porque existem muitas semelhanças entre as bolhas e nós. Assim, quando uma ordem muito estável emerge em uma sociedade, como na Alemanha nazista ou na África do Sul do *apartheid*, ela costuma ocorrer através de um processo lento e gradual de manipulação, propaganda e controle hierárquico, deslocando processos mais descentralizados e democráticos. Em seguida, o surgimento dessa ordem estável e sufocante trabalha em conjunto, de forma interdependente, com uma liderança opressora e com leis também frequentemente opressoras – incluindo constituições – que permitem o surgimento de tal liderança.[26] Auto-organização interrompida. Com efeitos desastrosos. Sempre nos disseram que a natureza precisa de autoridade para que exista uma boa ordem. Mas a natureza não precisa e, na verdade, ela corre o risco de sufocar sob a autoridade.

De volta a Santa Fé naquele mês de julho, decidimos fazer um novo experimento: tentar cultivar uma sociedade de bolhas em uma placa, dessa vez usando gás hélio, comprado em uma loja de festas da região, para acelerar o processo. Após muita discussão com os vendedores da loja sobre a razão pela qual não estávamos interessados em balões gratuitos, os estudantes de doutorado que trabalhavam conosco os convenceram de que não estávamos comprando hélio para inalar, mas sim para cultivar sociedades artificiais em uma placa. Saímos do estabelecimento e começamos a trabalhar. Cedo no dia seguinte, quando cheguei ao laboratório para examinar o experimento, não encontrei a estrutura sólida que esperava ver. Nenhum favo de mel ordenado, e também nenhum defeito único. *Nada* aparentemente havia acontecido. Então, pouco antes de sair da sala, percebi uma rachadura no lado esquerdo da moldura plástica, que havia deixado o ar penetrar, perturbando todo o conjunto de bolhas enquanto elas tentavam criar sua boa ordem. Algumas bolhas relaxaram suas laterais e se uniram a outras, e outras desapareceram. Parecia, infelizmente, um experimento fracassado e uma enorme bagunça.

Ao olhar mais de perto, sorri.

"Le Pen!", gritei. Andrew, o jovem professor que dirigia o laboratório, explodiu em gargalhadas. Seu orientando de doutorado em Matemática Aplicada, aparentemente cansado de minhas analogias bizarras, revirou os olhos. Ele tinha razão. Mas aqui está a questão: quando o líder conservador extremista Jean-Marie Le Pen surgiu pela primeira vez na França na década de 1970, nas eleições para o Parlamento Europeu, seu grupo era pequeno, até mesmo minúsculo. Ele foi ostracizado e mantido a distância. Parecia não ter qualquer chance. Ele veio das margens, como uma pequena bolha de ar ruim infiltrando-se na estrutura de um sistema político estável e democrático.

Com o passar do tempo, algo bastante significativo aconteceu. Seu ar, sua mensagem, começou a se espalhar. À medida que as pessoas começaram a votar em seu partido, ele, aquela pequena bolha de ar ruim, perturbou o equilíbrio de todo o sistema político francês. Os partidos conservadores de direita perderam espaço para ele, os partidos de extrema-esquerda perderam espaço para ele. As pessoas na extrema--esquerda e na extrema-direita tornaram-se simpatizantes da retórica anti-imigrante dele, de sua exaltação dos "valores franceses" tradicionais. E, assim, todos os partidos no cenário político francês mudaram de forma enquanto se reacomodavam para abrir espaço para aquela nova bolha de ar. Tanto que, em 2002, Jean-Marie Le Pen, o político racista, populista e antidemocrático, chegou ao segundo turno das eleições presidenciais francesas. Ele se tornara um participante, e um participante importante. Nascido em uma estrutura por acaso, vazando por aquela pequena fresta conhecida como o Parlamento Europeu. Não muito diferente de Donald Trump e de outros políticos de fora do sistema que vimos surgir, de maneira bastante gradual e surpreendente, em democracias. Tudo isso, talvez, porque, uma vez que eles irromperam através da fresta na estrutura e interromperam o ajuste natural dos outros partidos, nossos conjuntos de regras eleitorais e constitucionais entraram em ação e nos tornaram vulneráveis a fazer o que nosso mestre mandava, mesmo ele sendo problemático.

Então, não brinque de fazer o que seu mestre manda. Aja como uma bolha. Uma bolha empática e cooperativa.

3

Exerça seus direitos, mas com responsabilidade

Em 2005, eu estava no banco traseiro de um Renault prateado e enferrujado, ao lado de Hakim, o Grande Qadi de Maiote, mencionado anteriormente. Ele vestia uma tradicional *dishdasha* branca e seu cabelo estava envolto por um turbante multicolorido. Os óculos quebrados, colados com fita adesiva, escorregavam pelo nariz escuro quando ele se inclinava ligeiramente para a direita no assento de vinil cinza. Dirigíamos pela Rodovia Nacional nº 1, com destino a Mtsamboro, uma pequena vila de pescadores no norte da ilha principal, onde havia um conflito insolúvel. Estávamos indo fazer uma intervenção.

Compartilhamos uma laranja enquanto o Grande Qadi explicava o caso. Uma jovem afirmava que estava sendo ludibriada em seu direito à casa da família. Hakim me lembrou que, no século sétimo, colonizadores do Mar Vermelho desembarcaram nessas pequenas ilhas ao largo do litoral de Madagascar e encontraram uma próspera população africana bantu organizada em um sistema matriarcal. As mulheres eram fortes e consideradas importantes. Os colonizadores introduziram o islã, estabeleceram tribunais islâmicos e um sistema de qadis, os juízes islâmicos. Regras e leis islâmicas coexistiam com tradições e normas sociais bantu, sendo estas últimas mais relevantes na vida diária dos habitantes. Quando o sultanato de Maiote vendeu as ilhas para os franceses, no século XIX, Maiote tornou-se parte da República Francesa e, como tal, submeteu-se à constituição francesa. Superficialmente. Isso porque essas pessoas não eram só francesas, só muçulmanas ou só africanas. Elas eram tudo isso, e agora eram governadas por regras, leis e uma constituição impostas pela França, que coexistiam com outras culturas e tradições. O pluralismo jurídico, termo preferido pelos antropólogos, agora reinava.

Isso soa singular e exótico. Contudo, mais uma vez, é similar na maioria dos lugares do mundo, incluindo o Reino Unido e os Estados Unidos, onde múltiplos conjuntos de regras coexistem com tradições e com camadas de elaboração e modificação dessas regras e regem povos cuja ancestralidade e identidade são mistas e complexas. É aqui que as coisas podem dar muito errado – ao se depender da lei para ser a única forma de decidir e julgar a distribuição de direitos, pode haver mais problemas que soluções.

Na tradição matriarcal africana bantu, as filhas são respeitadas e valorizadas; são bem integradas, social e financeiramente. Em suas famílias, as mães desempenham um papel importante e organizador.[1] Assim, em Maiote, que certamente foi influenciado por tradições matriarcais, o costume ditava que, quando os pais morriam, uma menina era a primeira a herdar a casa da família, antes de seu irmão ter direito a ela. Se não houvesse casa, o irmão era obrigado, por costume e entendimento social, a construir uma para ela. Essa norma existia e foi apreciada como um elemento de paz social por séculos, mesmo após a introdução do islã.

Quando, um século depois, os franceses introduziram sua lei laica nas ilhas, os homens em Maiote tiveram mais um conjunto de regras para levar em consideração, incluindo a igualdade perante a lei. Assim, de acordo com a lei de herança francesa, um homem passou a ter o mesmo direito que sua irmã.

Como isso afetou o comportamento? Jovens começaram a usar as leis, estrategicamente, uns contra os outros, perturbando o que havia sido um tecido social respeitável. Segundo a tradição bantu, os homens não teriam direito à casa se houvesse uma mulher que tivesse sobrevivido aos pais e ela a quisesse para si. De acordo com a lei republicana francesa e o princípio da igualdade, homens e mulheres deveriam ter partes iguais; assim, os homens agora também tinham direito à casa. Esse princípio constitucional e legal francês levou à igualdade na lei de herança de Maiote? Não. Isso porque a introdução da lei francesa lembrou aos homens que, de acordo com a lei islâmica que também existiu em algum momento em suas ilhas, os homens tinham direito a receber o dobro do que as mulheres na herança. Assim, alguns homens começaram a invocar a lei islâmica em caso de herança, o que não faziam antes, para obter mais do que uma quantia igual em alguns casos e, numa perversão da lei islâmica, como Hakim me explicou, para obter o máximo possível.

A introdução de regras codificadas interrompeu a tradição social e produziu em seu lugar um caldeirão de regras, as quais levaram não apenas à confusão, mas também à escolha estratégica e egoísta de regras e leis que melhor servissem aos indivíduos. Foi mais que uma desordem: foi um menu de degustação *gourmet* de algumas das melhores tradições legais – islâmicas, republicanas francesas, bantus – em vez de uma boa ordem social; essas regras juntas, no fim das contas, deram início a um processo de desintegração social.

Esse resultado talvez fosse inevitável e destacou o propósito das regras do ponto de vista de qualquer agente com instinto de autopreservação: o lucro. E daí, quem se importa?

Nós deveríamos nos importar. Precisamos entender que Maiote não é uma exceção exótica. Leis, regras e constituições são, com frequência, como mantos atirados sobre os ombros e usados em encenações, alteradas e emendadas para se adequar às circunstâncias políticas em qualquer momento. Sem essas regras e leis, mas com o conhecimento de nossos direitos, teríamos mais incentivos para negociar e fazer acordos, para voltarmos aos pactos sociais com base em conceitos como comunidade, confiança e identidade compartilhada? E essa não seria uma solução mais duradoura do que simplesmente esclarecer e simplificar as leis (se isso fosse possível) e culpar o pluralismo jurídico pelos problemas? A razão para esse retorno é que o ganho egoísta em um jogo de soma zero não faz parte de ser um bom cidadão. Em vez disso, o que queremos fazer, se pretendemos construir um novo tipo de cidadão, é entender que, ao restringir um pouco os próprios direitos, podemos ajudar outra pessoa a desfrutar dos direitos dela também.

Isso envolve exercer nossos direitos de uma maneira que nos permita fazer acordos sobre quando eles podem ser exercidos, mas também sobre quando devemos optar por limitar a expressão de nossos direitos para proteger os de outra pessoa. Trata-se de uma negociação de direitos de baixo para cima, o que não é muito diferente da solução original dos bantus para a lei de herança. Em termos práticos, significa trabalhar para chegar a uma troca mútua e encontrar uma base para isso, para que, por exemplo, gays possam comprar um bolo para seu casamento, até mesmo de um confeiteiro cristão, que é capaz de enxergar a humanidade do casal em vez de vê-lo como um par cujas preferências sexuais conflitam com as suas.

Um cético talvez diga: *Saber quais são os nossos direitos e como protegê-los é difícil para o cidadão comum, então por que não deixar a lei, a constituição, fazer o trabalho por nós? A lei nos diz se homossexuais podem, legalmente, ter relações íntimas na privacidade de seus lares; se podem se casar e desfrutar da proteção financeira do Estado. Ela nos diz se podemos possuir armas legalmente. Se podemos ajudar alguém em profunda dor a terminar sua vida. Se uma mulher pode, legalmente, fazer um aborto em sua cidade natal. Ela nos diz todas essas coisas, não é? Vamos deixar o tribunal e os juízes decidirem e a polícia fazer cumprir a decisão deles.*

Bem, a constituição, as leis e os juízes não nos dizem essas coisas de forma inequívoca. Na maioria das vezes, eles nos falam de maneira ambígua, assim como a Suprema Corte dos Estados Unidos fez no caso

Roe *vs*. Wade e depois em Dobbs *vs*. Jackson. Esse é o problema de deixar as decisões completa e exclusivamente por conta da lei.

Considere um pouco da ambiguidade: se fosse tão claro, nove estudiosos muito bem instruídos e informados em direito teriam discordado sobre o que é realmente a coisa "certa" a fazer? Discordariam tanto quanto os juízes da Suprema Corte dos Estados Unidos fizeram por décadas, e continuam fazendo?

A interpretação constitucional – tentar entender o que são nossos direitos e se, realmente, os estamos exercendo – é uma tarefa nossa, que cabe a todos nós, por sermos detentores de direitos. Contudo, há muito perdemos a capacidade de interpretar. Nossos músculos para interpretar definharam. Há muito tempo, pouco depois de nossas constituições terem sido elaboradas, entregamos, aos poucos, a tarefa não apenas de redigi-la, mas também de interpretá-la – de tentar entender, por exemplo, se um ato sexual é protegido pelo nosso direito à privacidade – a juízes que agem como guardiões de nossos direitos. Essa não era a ideia original da Suprema Corte nos Estados Unidos, mas foi ela que evoluiu quando a legislação ordinária entrou em conflito com a constituição. À medida que as constituições ganhavam extensão e complexidade, e o corpo de leis ordinárias também aumentava, com mais direitos, mais obrigações e mais limitações, precisávamos de alguém para acompanhar os conflitos entre eles. Esse é o movimento gradual que resultou em menos reflexão de nossa parte, pois ocorreu quando confiamos a outra pessoa o poder de decisão sobre essas coisas por nós.

No entanto, a interpretação constitucional, quando realizada por juízes, é uma forma de tradução. Alguém precisa traduzir a palavra escrita, que foi grafada há muito tempo, para outras pessoas. Nos Estados Unidos, por exemplo, essas pessoas eram outros estadunidenses que viviam, 250 anos atrás, em um país muito diferente. Agora, devemos traduzir esse documento não para uma língua diferente, mas para uma era diferente e para povos diferentes. As circunstâncias, os contextos, as raças, a tecnologia, as ideias de gênero e igualdade e, basicamente, muitos de nossos valores centrais, todos mudaram, às vezes de maneira drástica. A tradução, a interpretação, pode realmente ser feita de modo justo e imparcial para todos? A palavra escrita pode ser traduzida para proporcionar justiça para pessoas reais que têm conflitos reais em tempo real? E quanto aos países com constituições estritamente laicas, como a França e sua forma particular de organização política, conhecida como *laicité*, e como a Alemanha, cujos imigrantes recentes, muçulmanos praticantes de ex-colônias, não encontram espaço para sua expressão religiosa na esfera pública porque até mesmo seu traje é, às vezes, proibido de acordo com a interpretação dos textos constitucionais?

Traduttore, traditore. Tradutor, traidor. Assim acusavam os italianos no século XVI ao se depararem com a proliferação de inúmeras traduções para o francês de seu amado Dante. Traduzir, eles acusavam, é trair. Existe apenas uma coisa que pode ser feita para impedir essa traição: precisamos parar de traduzir. Precisamos aprender a língua dos nossos direitos. Precisamos fazer isso por nós mesmos.

Aqui está um exemplo – um exemplo trágico. Na década de 1980, Joshua DeShaney, com quatro anos, foi tão severamente espancado pelo pai que entrou em coma. Uma cirurgia cerebral de emergência revelou hemorragias causadas por lesões traumáticas sofridas durante um longo período. A mãe de Joshua processou o Departamento de Serviços Sociais (DSS) do Condado de Winnebago por violação da liberdade e da igualdade de Joshua perante a lei, de acordo com a Décima Quarta Emenda à constituição dos Estados Unidos, demonstrando que o DSS estava ciente do abuso repetido e nada fez para intervir e protegê-lo. Quando esse caso chegou à Suprema Corte dos Estados Unidos, a maioria decidiu que, constitucionalmente, o DSS não era responsável por proteger Joshua dessa maneira e, portanto, não falhou em sua responsabilidade com relação ao menino.

"Pobre Joshua! [...] Esse é um triste reflexo da vida estadunidense e dos princípios constitucionais – ultimamente tão cheios de fervor patriótico e proclamações orgulhosas sobre 'liberdade e justiça para todos'

– com relação a essa criança, Joshua DeShaney, que agora está destinada a passar o resto da vida com um retardamento profundo", escreveu o juiz Harry Blackmun, discordando da opinião majoritária de sua corte e da interpretação da constituição feita por ela. Provando que o Leviatã estava, essencialmente, dividido e confuso, o juiz Blackmun disse com clareza: a constituição não nos dá ordem e justiça. E a autoridade pouco pode fazer nesse caso, porque ela mesma está dividida.

Elena Kagan, atual juíza da Suprema Corte dos Estados Unidos, era uma jovem estagiária nessa mesma corte quando o caso de Joshua foi julgado. Kagan escreveu um memorando instando os juízes a não aceitar o caso porque ele era muito importante.[2] A razão? Havia sinais positivos de que, em tribunais ou distritos de níveis inferiores, de maneira descentralizada, juízes e indivíduos no governo local estavam começando a interpretar obrigações positivas na constituição: obrigações positivas que protegeriam mais Joshuas de danos, que incentivariam mais responsabilidade por parte dos serviços sociais locais que estavam negociando direitos de baixo para cima. Dada a composição política da Corte na época, com uma maioria conservadora, Kagan temia uma decisão negativa, que seria um precedente vinculante nos Estados Unidos como um todo e interromperia a negociação espontânea e positiva de direitos que já vinha ocorrendo sem a autoridade suprema da Corte. Seu medo se tornou realidade.

Há também, talvez o mais importante de tudo, as questões que não foram levantadas naquele dia perante a Corte: onde estavam os vizinhos nesse caso? A comunidade? Onde estavam os bons samaritanos? Por que não fizemos nada e depois nos solidarizamos com a opinião discordante da Suprema Corte dos Estados Unidos que nos fez sentir a dor do destino do pobre Joshua e, em seguida, aceitamos essa decisão dela?

O que precisamos entender é que as leis e as constituições não são a resposta final para se ter uma vida boa, e elas podem realmente nos prejudicar de maneiras significativas, ao falharem, ao se abrirem para interpretações que não nos protegem e, depois, ao gravarem essas interpretações em pedra – ou, pelo menos, torná-las muito difíceis de mudar. Elas também podem, como nos casos de liberdade religiosa, causar tanto conflito e desordem que os indivíduos ficam entregues à própria sorte, tentando encontrar uma saída como insetos em uma teia. E talvez o mais crucial de tudo: elas falham se nos tiram nossos direitos, apenas para devolvê-los de acordo com um conjunto de regras introduzidas por um grupo de pessoas de uma época muito, muito distante, em um lugar que, às vezes, pode parecer estar a uma galáxia de distância. Examine o exemplo da recente decisão da Suprema Corte dos Estados Unidos sobre o aborto. Em Dobbs *vs.* Jackson, a maioria da corte decidiu que a decisão no caso Roe *vs.* Wade estava errada – que a constituição dos Estados Unidos em si não tem o direito de dizer se uma mulher pode fazer um aborto e que cabe aos estados individuais legislar sobre esse direito.

"A interpretação legal ocorre em um campo de dor e morte." Assim começa um artigo famoso de um dos mais interessantes estudiosos do direito de nosso tempo, Robert Cover, ex-professor da Faculdade de Direito de Yale. De fato, e como Cover afirmou, "um juiz articula sua compreensão de um texto e, como resultado, alguém perde a liberdade, a propriedade, os filhos, até a vida".[3] Foi a isso que Cover chamou de violência da palavra. Escrevendo em meados da década de 1980, ele assistia a essa interpretação ao seu redor e parecia muito alarmado com isso. É que as constituições podem realmente nos prejudicar ao se abrirem para interpretações, mas elas precisam se abrir. As interpretações nem sempre nos protegem, e, no entanto, a de um juiz pode e afetará as pessoas, em termos tanto da qualidade quanto da quantidade de vida delas. A interpretação de um juiz também pode causar tanto conflito e desordem a ponto de os indivíduos ficarem se digladiando para encontrar uma saída. E como isso ajuda a promover a paz social?

Há um caso hipotético popular que os professores de direito estadunidenses usam em seus cursos todos os anos. Escrito em 1949 por Lon Fuller, ele configura uma situação imaginária, ocorrida no quinto milênio, na qual cinco exploradores de cavernas ficam presos e, por meio de uma série de decisões tomadas sob estresse extremo, matam e comem um membro do grupo para poderem sobreviver.[4] Após serem resgatados, são julgados por assassinato e, seguindo a lei da época, condenados à morte. A suprema corte que decide o destino deles tem sete juízes, cada um com uma interpretação diferente tanto da lei quanto dos fatos do caso. Desde a publicação original, há mais de meio século, consagrados estudiosos do direito criaram mais juízes hipotéticos e elaboraram mais opiniões possíveis. O objetivo do exercício: apresentar aos estudantes de direito a impossibilidade da interpretação e, ao mesmo tempo, as consequências dramáticas dessa impossibilidade necessária.

Considere uma situação semelhante, mas dessa vez real, em que todos discordam, e um juiz precisa interpretar a constituição rapidamente porque a vida de um adolescente doente está em jogo. Em 2007, alguns dias após o Dia de Ação de Graças, o jovem estadunidense Dennis Lindbergh vivenciava uma situação como essa. Testemunha de Jeová por influência da avó e com apenas 14 anos, Dennis morreu de leucemia poucas horas depois de o Tribunal Superior do condado de Skagit, no estado de Washington, confirmar seu direito de recusar uma transfusão de sangue que teria salvado sua vida. Sua recusa baseava-se em seu direito constitucional à liberdade religiosa. O juiz do caso afirmou que o garoto estava "basicamente se condenando à morte", mas apoiou seu direito de fazê-lo, observando que, de acordo com a sua religião, "ele acredita que a transfusão o tornaria impuro e indigno".[5]

Como uma estadunidense que vive há várias décadas na Europa, muitas vezes olho para os Estados Unidos como uma astronauta que vê a Terra, do espaço sideral, pela primeira vez. Às vezes, daqui, minha visão é muito clara, pois a singular concepção estadunidense de liberdade, protegida pela constituição, permite diversas práticas privadas e públicas, desde o direito à liberdade de expressão, até mesmo "discursos de ódio", até isenções da lei para acomodar questões religiosas. É um mundo diferente da Europa, influenciado tanto pelo direito romano quanto pelas consequências da guerra e do comunismo, onde o indivíduo não reina. No caso de Dennis Lindbergh, o juiz que decidiu o caso não tinha nada para contrabalançar o direito constitucional de Dennis à liberdade religiosa para que sua vida pudesse ser salva. Nenhuma obrigação de salvar sua vida foi encontrada na constituição. Não porque não existisse, mas porque – e essa é a questão – não foi traduzida e inserida no texto. O juiz não a "encontrou", não interpretou o texto de uma maneira que permitisse encontrar essa obrigação nele. Mas talvez ele pudesse ter feito isso. Houve desacordo: dos médicos que tratavam Dennis, que obedeciam ao código de ética da Associação Americana de Medicina e queriam salvar sua vida; dos pais de Dennis, que queriam que ele vivesse e não eram religiosos; e finalmente, é claro, de Dennis, que disse precisar seguir as leis de sua religião, as quais eram protegidas pela constituição dos Estados Unidos.

Quando essas "regras" – a constituição e o código de ética médica e as leis religiosas das Testemunhas de Jeová – entraram em conflito, juntamente com as diversas e divergentes opiniões dos pais de Dennis, dos médicos, da avó e do próprio Dennis, onde estava a boa ordem, a justiça? Dennis, um garoto de 14 anos em estado mental e físico precário, morreu. As regras, as leis e, acima de tudo, as constituições não deveriam tê-lo protegido, o mais vulnerável entre nós, o doente e menor de idade? Dennis não queria morrer, mas também não queria sentir que teria sangue sujo, como sua religião lhe diria se ele tivesse aceitado a transfusão e quaisquer outras subsequentes e necessárias para que ele continuasse vivo. Então, ele decidiu pela morte, sua única opção. Isso é justiça?

Compare essa história ao caso de outra jovem. Na década de 1980, o destino de Karen Ann Quinlan cativou uma nação. Uma moça de 21 anos, até então desconhecida, originária da Pensilvânia, Karen tornou-se uma das figuras mais debatidas nos Estados Unidos durante quase uma década. Após entrar em coma depois de consumir Valium e álcool, a jovem ficou em um estado vegetativo persistente. Os pais, católicos praticantes, solicitaram que ela fosse retirada do respirador de suporte de vida, acreditando que o aparelho lhe causava dor. Os médicos se recusaram, embora houvesse evidências de que ela estava, de fato, com morte cerebral. Os pais buscaram uma autoridade para resolver o nó górdio: em 1975, abriram um processo que chegou, como recurso, à Suprema Corte de Nova Jersey. Em 1976, o tribunal encontrou, no direito à privacidade de Karen, uma justificativa para o pedido dos pais, e o respirador foi desconectado. Ela continuou viva e foi alimentada por nutrição artificial por mais nove anos até sofrer insuficiência respiratória e morrer naturalmente em 1985.

Um juiz poderia tão facilmente *não* ter encontrado, no direito à privacidade de Karen, o direito de não estar ligada a um respirador. Encontrar direitos, mas também não encontrá-los, é o negócio cotidiano da interpretação judicial. Mas como dizer se os direitos que são encontrados, ou não são encontrados, estão certos; se o processo proporciona justiça para todos? A constituição dos Estados Unidos coexiste, como todas ao redor do mundo, com inúmeras outras leis, regras e códigos, mas também ao lado de tradições e crenças de longa data. Assim como na história de Maiote. Na república irmã dos Estados Unidos, a França, os juízes muitas vezes negaram aos cidadãos religiosos – e isso inclui adultos – o direito religioso de recusar tratamento médico, citando a obrigação de preservar a vida acima de tudo. Constituições semelhantes, direitos semelhantes, desafios semelhantes. Interpretações muito diferentes. Traduções muito diferentes.

Alguns desses exemplos podem parecer anomalias em um sistema que seria, de outra forma, justo; casos emotivos obscuros, dignos de atenção da mídia. Mas não são. São exemplos daquilo que acontece em nossas democracias todos os dias: em algum lugar, um juiz interpreta a constituição e, ao fazê-lo, toma uma decisão de vida ou morte. Quem pode dizer que a decisão dele é a "certa", que a interpretação está correta? E aqueles que discordam dele estão errados? Muitas vezes, não estão. A interpretação constitucional e a interpretação jurídica mais ampla são uma questão de opinião e, como tal, a opinião de outra pessoa é necessariamente traída. Muito acaba, para citar um clichê, perdido na tradução.

Para apresentar mais um exemplo, em outubro de 2004, uma jovem muçulmana de 15 anos de Estrasburgo demonstrou essa questão de forma comovente: ela raspou a cabeça para poder frequentar a escola, alegando que esse ato era a única maneira de respeitar, ao mesmo tempo, a nova lei francesa de laicidade, que regia sua vida pública e proibia os véus islâmicos em escolas públicas, e a antiga lei islâmica que regia sua consciência e exigia que cobrisse os cabelos em público. A cabeça raspada permitia que ela contornasse o problema das regras. Foi uma maneira espontânea de encontrar um equilíbrio que permitisse a essa jovem frequentar a escola. As regras, leis e constituição da França não necessariamente a protegiam e a ajudavam nessa situação complexa, embora afirmassem fazê-lo.[6] Elas causaram desordem, e a jovem encontrou uma saída. Mas talvez não do jeito que teria escolhido, caso houvesse alternativas.

Esses são alguns casos específicos, mas existem muitos outros similares. Todos apontam para um fato que está em toda parte, todos os dias, e é inegável: algumas regras e alguns conjuntos de regras muito bem elaborados, como leis e, sobretudo, constituições, falham em proteger nossos direitos. Elas fracassam em nos proteger e nos resguardar de danos. Às vezes, como nesses casos mencionados, artigos e emendas permitem práticas perigosas e absolvem o Estado da responsabilidade de nos ajudar, ainda que, de muitas maneiras, estejamos contando com eles para fazê-lo.

Os supremos tribunais, como aqueles encontrados nos Estados Unidos, fazem isso. Eles são o mais alto nível de tribunal no sistema judicial, o mais alto tribunal de recursos, mas também são protetores da constituição. Os tribunais constitucionais são um tipo diferente de instituição, porém fazem o mesmo. Os tribunais constitucionais também existem para proteger a constituição, no entanto existem fora da estrutura regular do poder judiciário, e a proteção constitucional é sua tarefa principal. Além disso, em alguns países, esses tribunais constitucionais podem até se envolver em revisão abstrata, em que juízes podem oferecer opiniões que não se baseiam em nenhum caso concreto de conflito que esteja em julgamento. Em outros, como na Alemanha, os tribunais constitucionais podem ser acessados diretamente por qualquer cidadão, por meio de uma petição individual, se a pessoa puder demonstrar que esgotou todas as outras formas de recurso e que seus direitos foram violados.

Tanto tribunais supremos quanto tribunais constitucionais foram estabelecidos para garantir que o Leviatã, a quem confiamos nossa ordem, continua a agir de acordo com as regras principais, a lei superior e os valores acordados por todos. Isso pode e tem sido útil. Mas somos sociedades cada vez mais diversas e, mesmo quando concordamos com os valores principais e aceitamos sua hierarquia, nem sempre podemos concordar com a interpretação desses valores ou de seus limites. Não estou sugerindo que devemos abolir as declarações de direitos das constituições, ou mesmo as constituições em si. Com o passar do tempo, talvez, mas isso está longe de acontecer. E certos direitos, como os direitos médicos que afetam a vida e a morte, precisam de algum elemento norteador, alguma forma de regulamentação, enquanto pensamos no que fazer. Portanto, por enquanto, as constituições devem existir, mas devemos trabalhar para um futuro em que elas, pelo menos, não ocupem o centro do palco. Em vez disso, as constituições devem ser as referências mínimas com as quais trabalhamos, os coadjuvantes em nossos dramas. Devemos buscar nossas próprias ordens fluidas, concordar sobre nossa própria justiça. Devemos mostrar obediência civil, mas a nós mesmos e a todos os membros de nossas comunidades. Devemos exercer nossos direitos, mas com responsabilidade.

Precisamos limitar o pleno exercício de nossos próprios direitos, às vezes, para proteger os de outra pessoa. Trata-se de uma negociação, a qual precisaremos fazer todos os dias.[7] E é uma negociação que, certas vezes, falhará, porque alguns não aceitarão abrir mão do que sentem ser sua parte por direito. As possibilidades e promessas de aumentar essa negociação, ampliando esse espaço para ela, dependem de nosso entendimento conjunto do que significa "justiça". Não se engane; não é a justiça vigilante de Clint Eastwood ou Quentin Tarantino que estou pedindo, embora alguns dos finais dos filmes deles possam parecer satisfatórios à primeira vista. Nem é um endosso ao crime organizado, essa forma hierárquica de desligamento do Estado, mesmo que reconheçamos que grupos criminosos organizados também questionam as leis e estruturas de autoridade existentes, apresentando assim um projeto alternativo de construção de Estado.[8] Mas talvez *seja* uma reação que tive ao mundo descrito por Al Pacino em seu discurso final como o rebelde advogado de defesa em um drama jurídico dos anos 1970: "Justiça para todos. Só que temos um problema aqui. Ambos os lados querem vencer. Queremos vencer independentemente da verdade. E queremos vencer independentemente da justiça".[9]

A razão é que a justiça, como discuto agora com meus alunos em Bolonha, não é uma qualidade inerente escrita em um documento. Não é algo objetivo. A justiça é uma percepção subjetiva de equidade e, como tal, só pode existir verdadeiramente como uma virtude interna. Como todos sabemos, o que parece certo e justo poucas vezes goza de aceitação universal. Haverá divergências. Haverá vencedores e perdedores. Contudo, não podemos apenas deixar essas decisões para a constituição ou para os tribunais. Nesse ponto, entre todos os outros, há competição e egos envolvidos; incentivos financeiros e restrições. Ao delegar a um juiz o fardo de decidir o que é justo e o que não é, perdemos a compreensão do que a justiça realmente significa e permitimos que reine uma sensação de vazio. Em vez disso, precisamos entender como podemos fazer parte da decisão, como podemos iniciar uma negociação de direitos de baixo para cima.

Por exemplo, em uma pequena cidade, pessoas podem decidir de modo coletivo se uma estátua em um parque viola os direitos de um grupo específico e, em seguida, também coletivamente, removê-la, cobri-la ou virá-la de costas; ou é possível concordar que a chamada para fazer uma oração pode ser importante para, pelo menos, alguns dos nossos vizinhos, o que significa que não deve ser enquadrada na Lei do Silêncio. São pequenos exemplos com grandes mensagens, os quais, juntos, ajudam-nos a entender nossos concidadãos. Trata-se de decidir coletivamente o que, como Michael Sandel coloca com elegante simplicidade, é a "coisa certa a fazer".[10]

Há quase duas décadas, um grupo de vizinhos decidiu processar a Assembleia Municipal de Oxford para obrigá-la a proteger dois hectares de terra não edificada ao norte da cidade, outrora pertencentes ao St John's College. Era um "matagal", com aglomerações de junco e aquilo que o juiz presidente lorde Hoffmann descreveu como um terreno "não idílico", agora de propriedade da cidade de Oxford, com apenas 25% de sua área acessível e, mesmo assim, apenas para um "caminhante vigoroso". A questão era: quem tinha direito àquela terra? A assembleia municipal tinha a posse do terreno e esperava vendê-lo a um empreendedor para a construção de habitação social na cidade já densamente construída e cara de Oxford. Os tratores estavam prestes a entrar em ação, mas aquele grupo de moradores, em um ato que alguns interpretaram como um "Problema *Nimby*"*, conseguiu impedir a obra usando um artifício legal: em uma ação inteligente, designaram a área como "praça verde". "Caminhadas vigorosas" não é a primeira expressão que vem à mente quando se pensa em uma praça verde; para que esse artifício legal funcionasse, o conceito, o significado de "praça verde" precisava ser reinterpretado de modo a incluir aquele espaço. Se realmente fosse entendido como uma área para atividades de lazer e passatempo, então os demandantes precisariam demonstrar que aquele era o caso. Em uma decisão histórica do Tribunal Superior, o conceito de praça verde foi interpretado de maneira a incorporar aquele espaço.[11]

---

* A palavra "Nimby" é uma sigla para "Not in my back yard" ("Não no meu quintal"), usada para descrever aqueles que se recusam a aprovar determinadas obras pela simples razão de serem feitas nas cercanias de suas residências. (N.T.)

E ainda: apenas uma década depois, aqueles que haviam aberto o espaço invocando esse conceito jurídico e muito inteligente de praça verde também o haviam efetivamente transformado em uma reserva natural e determinado suas próprias regras para ele.[12] Placas mostram a frase "Proibido corrida ou ciclismo" e existe apenas uma entrada aparente para essa área verde. Quando alguns moradores pediram para abri-la um pouco mais a fim de que pudesse incluir mais moradores, melhorar o acesso a ela e aumentar seu uso, alguns membros do grupo original afirmaram que isso prejudicaria a vida selvagem local; além disso, embora fosse um espaço encantador, mesmo que ainda árido, ele agora tinha fauna e flora abundante, graças ao trabalho árduo dos moradores, e estava lá para ser apreciado por todos. A interpretação do que isso significa parece ser determinada apenas por alguns poucos.[13]

Por que os direitos de um grupo de cidadãos são efetivamente capazes de sobrepujar os direitos de outros? A vida de outros? A vida dos pobres e sem-teto? Às vezes, esquecemos quais são os direitos dos outros e como sair de nosso grupo para entendê-los e respeitá-los: atravessar fronteiras socioeconômicas, raciais e étnicas, religiosas e de gênero, mas também as fronteiras etaristas. Incluir o maior número possível de cidadãos. Nas palavras da planejadora urbana Yasminah Beebeejaun:

> O exercício de direitos ou de proteções legais não é vivenciado como algo inato, como se houvesse uma correlação direta entre a legislação e a vida cotidiana. Pelo contrário, a vida cotidiana é uma negociação complexa em que os conceitos e as práticas de cidadania, exclusões e preconceitos são vivenciados e constituídos em conjunto com outros habitantes urbanos. Nossos direitos são incorporados e formam os locais onde suposições são feitas a respeito de nossas posições subjetivas.[14]

Essa é uma afirmação acadêmica, talhada para um público acadêmico, mas seu significado aqui é simples e profundo: a verdadeira negociação democrática de direitos acontece quando nos deparamos uns com os outros nesses espaços, onde nossas interações mútuas moldam quem somos e como usamos nossos direitos e usufruímos deles.

Este capítulo trata de direitos: das múltiplas maneiras como podemos, como indivíduos, negociar a proteção de nossos próprios direitos de uma maneira que também proteja os dos outros. Isso, eu creio, é justiça. É também cidadania de verdade, pois não envolve e não depende exclusivamente da extensão e da proteção dos nossos direitos pelo Estado, nem de nossa aquiescência passiva no que quer que ele forneça. Em vez de sermos súditos do Estado, sugiro que sejamos agentes. Obviamente, existem limites. Não somos vigilantes. Não podemos tomar nossas próprias decisões sobre vida e morte na ausência de alguma estrutura orientadora e de conhecimento médico especializado. Não devemos, acredito, nos armar, seja qual for o direito constitucional que nos diga que temos o direito legal de fazê-lo, nem devemos usar meios violentos para alcançar nossos objetivos. Claro, algumas das decisões mais difíceis – o direito de uma mulher a fazer aborto, o de uma pessoa doente a receber ajuda para terminar sua vida – sempre serão cercadas por um debate desagregador e polarizado. Estamos cientes disso. Assim, o desafio atual é encontrar uma maneira de primeiro trabalhar e negociar as questões que não são de vida ou morte, aquelas que são praticáveis e até fáceis em comparação, até estarmos prontos para passar a questões mais importantes.

Imagine, por exemplo, uma comunidade que oferece informações, imparciais e aprovadas por médicos, a mulheres e meninas não instruídas ou economicamente desfavorecidas, mas também a homens e meninos, sobre contracepção e planejamento familiar; que ajuda a ultrapassar fronteiras raciais e religiosas enquanto discute essas questões de maneira prática e significativa, para que ocorram menos gravidezes indesejadas. Assim, quando a gravidez resultar de estupro ou incesto, ou complicações médicas deixarem fetos ou suas mães em condições médicas complexas, talvez os tribunais não hesitem em oferecer às mulheres uma maneira jurídica, médica e isenta de problemas para terminarem a gravidez sem o preconceito ou assédio que às vezes enfrentam.[15]

Nossos direitos estão na vanguarda de muitos debates agora – desde o casamento homoafetivo até a expressão religiosa e a liberdade de expressão; desde o aborto e o direito à vida, à liberdade de ir e vir, ao direito de não se vacinar, à privacidade na era do Facebook e assim por diante. Discutir e mostrar como esses direitos podem ser protegidos por meio de nossa negociação (em vez de serem deixados para a lei) está no cerne dessa ideia do que poderia significar ser cidadão. Então, se os tribunais não são a resposta, o que é, e como faremos tudo isso na prática?

Na filosofia do direito e na teoria constitucional, as discussões têm sido robustas, à medida que os estudiosos têm debatido a forma como podemos exercer mais controle sobre as decisões que estruturam a vida cotidiana, desde orçamentos e gastos nacionais até línguas oficiais e feriados. Mas eles também se perguntam, cada vez mais, como podemos ganhar mais controle sobre questões difíceis e desagregadoras que dizem respeito a direitos fundamentais. Mark Tushnet foi um desses estudiosos, cuja carreira começou como assistente na Suprema Corte dos Estados Unidos na década de 1970, onde ajudou a redigir um dos memorandos cruciais para a tomada de decisão da corte sobre o aborto no caso Roe *vs.* Wade. Nas décadas que se seguiram, Tushnet tornou-se um dos estudiosos de direito constitucional mais citados, preconizando, algum tempo depois, o título de um de seus livros, *Taking the constitution away from the court* ("Como afastar a constituição dos tribunais", em tradução livre). Nele, Tushnet detalhou um projeto que denominou direito constitucional populista, o qual, segundo ele, deveria ser a maneira de proteger nossos direitos humanos universais, que estaria justificada pela razão e deveria permitir um debate fundamentado entre as várias partes envolvidas.

Tushnet queria tirar dos tribunais algumas das decisões mais desagregadoras de nosso tempo e entregá-las a órgãos eleitos por vias democráticas, como legislaturas. Isso não significaria, necessariamente, decisões melhores, Tushnet alertou, mas essas decisões estariam, do ponto de vista do procedimento, em termos de como foram feitas, mais próximas das pessoas por elas afetadas. Em outras palavras, essas decisões seriam explicitamente políticas: deliberadas e discutidas por políticos, os quais, ao contrário da maioria dos juízes em tribunais superiores, são escolhidos por voto em eleições regulares. Decisões melhores nem sempre resultariam disso, mas o mecanismo pelo qual essas decisões seriam alcançadas (discussão pública e votação) e a estabilidade delas (possíveis oscilações coincidentes com ciclos eleitorais) seriam fundamentalmente diferentes do modelo elitista de constitucionalismo, em que estudiosos da lei, não eleitos, tomam decisões que são válidas em todas as jurisdições e praticamente esculpidas em pedra. O constitucionalismo popular e outras versões, as quais os estudiosos passaram a denominar de constitucionalismo deliberativo, são temas quentes na teoria jurídica atual. Convencidos, enfim, pelo desmoronamento das estruturas políticas do governo representativo, não apenas após o surgimento de líderes de péssima qualidade mas também devido a decisões ruins e uma proteção desvirtuada dos direitos, muitos acadêmicos que trabalham no campo da filosofia política e do direito estão se perguntando se existem maneiras diferentes de trabalhar o constitucionalismo.

Durante décadas, também fui persuadida pelas ideias de Mark e acreditei que o trabalho braçal ainda precisava ser feito por meio de instituições formais de algum tipo, porém mais deliberativas e inclusivas. No entanto, depois de algum tempo, muita experiência no exterior e um período como secretária adjunta da Associação de Pais e Professores da escola da minha filha, entendi que, para que tal modelo funcione, para que o constitucionalismo popular ou deliberativo signifique algo real, faltava, visivelmente, um primeiro passo: o verdadeiro poder em tudo isso reside nos próprios cidadãos, não por meio de estruturas formais, mas por estruturas informais e fluidas. E era preciso enfrentar primeiro as questões que não eram tão grandes. Nós, os cidadãos, nós, o povo, podemos e devemos praticar o constitucionalismo, não por meio de referendos ou plebiscitos (mecanismos que deixam pouca margem para negociação, pois são momentos específicos de tomada de decisões de soma zero), nem por meio de sistemas de júri ou minipúblicos que se resumem a comitês decididos por sorteio (mecanismos que ainda incluem a votação, embora talvez com maior deliberação), mas sim por meio de um trabalho contínuo, o que chamarei, para fins de ênfase, de constitucionalismo de guerrilha. Loucura, eu sei. Mas isso é o que quero dizer.

Para começar, poderíamos fazer o máximo possível com o propósito de estabelecer as melhores condições iniciais ao constitucionalismo de guerrilha. Isso significa instrução adequada para toda a comunidade, por meio de campanhas de alfabetização e informação, de modo que as pessoas comuns tenham acesso e ferramentas para entender e analisar as questões, não apenas aceitar o discurso elitista sobre elas. Em um mundo perfeito, garantiríamos que todos tivessem acesso a informações imparciais ou soubessem como identificar o viés quando ele surgisse. Isso será difícil. Certamente, aqueles com o melhor serviço de banda larga estão obtendo conexões mais rápidas, mas isso não significa que estejam obtendo melhores informações. Além disso, as redes sociais inundaram nossas vidas, até o ponto de saturação, e muitas vezes com algoritmos bem tendenciosos que incentivam discursos de ódio, afetam resultados eleitorais e intensificam os problemas dos quais estamos tentando nos afastar.[16] Podemos ver cada vez mais órgãos reguladores encarregados por governos para revisar e monitorar essas informações, mas não podemos, nem devemos, depender exclusivamente deles para isso. Portanto, precisamos pensar mais em maneiras de capacitar todos os indivíduos em um espaço descentralizado, a fim de todos podermos analisar as informações com um olhar crítico.

Precisamos que nossos espaços públicos sejam equipados com relatórios diários de notícias para aqueles que não os acessam pelos celulares. Se a banca de jornal local, que vende jornais e exibe suas primeiras páginas em uma praça da cidade, foi, em algum momento, o lugar onde as pessoas paravam e, sem comprar nada, davam uma olhada nas manchetes de várias publicações e conversavam com o vendedor sobre as últimas notícias, o equivalente disso hoje poderia ser a instalação de telas de plasma alimentadas por energia solar, pouco invasivas do ponto de vista ambiental, que exibissem informações de diversas fontes, com paisagens sonoras opcionais para deficientes visuais. Instalações respeitosas como essas fazem parte de museus públicos ao ar livre no mundo inteiro, incluindo os memoriais do Holocausto na Alemanha.

Mais recentemente, o projeto One Planet, na Austrália, utilizou telas urbanas para campanhas de informação pública. Enquanto isso, a Climavore, sediada em Londres, e que se autodenomina uma empresa de interesse comunitário composta por uma equipe de artistas, usa instalações para envolver, chamar a atenção e debater sobre alimentação adaptativa, pedindo-nos, como público, para confrontar a mudança climática e refletir sobre como ela requer uma abordagem diferente do consumo humano. O Climavore chama seu trabalho de "iterações responsivas ao local".[17] É disso que mais precisamos no início – iterações responsivas ao local, isto é, formas dinâmicas, não estáticas, de informações variadas que nos convidam e incentivam a aprender e participar, debater e deliberar sobre as informações juntos, antes de aceitá-las, e decidir o que fazer com elas.

Muitos filósofos, incluindo Benedict Anderson e G. W. F. Hegel, ficaram impressionados com o jornal diário impresso, não apenas por ele ser uma fonte de informação, mas também por ser quase um substituto para as orações matinais em um mundo secular. Ler o jornal matutino é um ato, segundo Anderson, "realizado em privacidade silenciosa, nos recônditos do crânio". Mas – e esta é a chave que queremos passar a usar – Anderson disse que cada pessoa que lia o jornal estava ciente de que essa pequena cerimônia estava sendo replicada por milhares ou milhões de outras. "Como pensar em uma figura mais vívida do que essa para a comunidade secular imaginada, historicamente cronometrada?", ele perguntou.[18] Anderson prosseguiu descrevendo que o mesmo leitor observa réplicas de seu jornal sendo lidas no metrô ou no salão de beleza – e, portanto, fica tranquilo por essa comunidade imaginada estar, de fato, "enraizada na vida cotidiana". Hoje em dia, ao vermos pessoas olhando para seus telefones no metrô ou no parque, não sabemos o que elas realmente estão lendo. A confiança na comunidade – ou, pelo menos, na observação de que estamos lendo as mesmas notícias, que estamos vinculados pelas mesmas narrativas – desapareceu com o surgimento da internet e dos celulares. Precisamos voltar ao espaço físico, às praças, com informações compartilhadas publicamente – pois, sem tais marcadores, estamos em toda parte "conectados" pelas redes sociais e, ao mesmo tempo, atomizados.

A partir daí, desse ponto de partida modesto, porém crucial, podemos começar a fornecer uma base para a discussão em um campo de jogo aberto, equitativo e bem-informado, que é o único tipo de campo que pode ser legítimo para pensarmos e tomarmos os tipos de decisões difíceis que encontramos consagradas nos documentos dos tribunais constitucionais: casamento entre pessoas do mesmo sexo, aborto, eutanásia, expressão religiosa e assim por diante. Inevitavelmente, isso nos leva de volta à procura de uma maneira que nos ajude a recuperar nossos direitos e a exercê-los com responsabilidade.

Esse constitucionalismo de guerrilha só pode funcionar se as condições forem adequadas, e o compartilhamento de informações é apenas uma delas. Albert Hirschman, economista do desenvolvimento, falou sobre a importância dos encadeamentos para trás e para frente.[19] Hirschman sugeriu que, para que um determinado setor da economia se desenvolvesse, os encadeamentos para trás (na forma de insumos úteis) encontrariam uma oportunidade de existir, porque são necessários para o funcionamento do setor, e os encadeamentos para frente também se desenvolveriam à medida que surgissem oportunidades para utilizar e tirar proveito dos resultados desse setor. A fim de que o constitucionalismo de guerrilha funcione, os encadeamentos para trás e para frente precisam estar presentes, pois, por si só, uma negociação popular de direitos permanece uma utopia contestada e falha. Imagine, porém, que pudéssemos garantir que as crianças tivessem o ponto de partida adequado, que os espaços públicos físicos incentivassem o tipo de compartilhamento livre e preciso de informações, o que é crucial ao debate público, à deliberação e ao envolvimento geral que abre a comunicação e promove o conhecimento comum: então, teríamos alguns encadeamentos para trás.

Dessa forma, veremos menos foco na liderança; esse novo setor de cidadãos faz com que as comunidades se concentrem em ser autossuficientes e sustentáveis e se abram para a realidade de mosaicos que nos unem e pensem e discutam sobre direitos, talvez se transformando em alguns dos comitês de cidadãos que tomam decisões importantes sobre questões extremamente relevantes, como a eutanásia. Então, teremos os encadeamentos para trás e para frente necessários e que apoiarão nosso constitucionalismo de guerrilha.

Claramente, também precisamos ajudar as pessoas a se sentirem seguras em seus espaços, para que o constitucionalismo de guerrilha possa funcionar. Esse talvez seja um dos pré-requisitos ou um dos encadeamentos para trás mais importantes, junto ao acesso a informações imparciais. Felizmente, temos evidências de que podemos fazê-lo, mesmo com algumas dores do crescimento e saltos de fé. Pouco tempo atrás, em Brownsville, um bairro do Brooklyn, Nova York, policiais concordaram em se afastar e permitir que os moradores se policiassem, até mesmo respondessem às chamadas pelo telefone de emergência. O experimento de cinco dias liderado pela organização Brownsville In Violence Out (BIVO) e apoiado pela autoridade local foi, na opinião de muitos, um sucesso. Agora, em vários momentos durante o ano, a polícia se afasta por um período de cinco dias e permite que a organização intervenha e pratique a mediação. Os integrantes da BIVO não portam armas e não fazem uso de meios violentos. Contudo, até o momento, esses grupos de moradores "persuadiram pessoas a entregar armas ilegais, evitaram furtos, impediram um homem de assaltar um botequim e uma mulher grávida de bater no namorado que não havia comprado uma cadeirinha e um carrinho de bebê, como havia prometido".[20]

Isso é apenas o começo. Como parte de um modelo de saúde pública "Cure a violência", esse programa segue exemplos baseados em evidências para tornar comunidades, sobretudo aquelas problemáticas, lugares mais seguros para as interações dos cidadãos. Invocando, entre outras coisas, o uso do que eles chamam de "mensageiros confiáveis", a BIVO utiliza como mensageiros residentes que cresceram nas mesmas ruas e que estiveram envolvidos em violência armada ou expostos a ela – para interromper a violência, mediar disputas no local onde a violência é iminente e disseminar narrativas e oportunidades mais positivas na comunidade. Eles são confiáveis porque são moradores e têm a atitude de "já passei por isso, já fiz isso" que lhes permite ter uma ligação horizontal com a comunidade, em vez de ficarem acima ou fora dela.[21] Apoio local, confiável, espontâneo e horizontal para moradores – eis um elemento importante do constitucionalismo de guerrilha. Isso porque, quando grupos como esse começam a oferecer alternativas reais tanto para o controle estatal de suas comunidades quanto para a anarquia total e descontrolada – como uma área segura entre eles, que ajuda pessoas a entenderem maneiras de exercer seus direitos protegendo os direitos dos outros –, a necessidade e o desejo de se esconder e depender exclusivamente da lei se dissolvem.

Essas e outras ideias – que focam a conscientização pública e a elucidação de questões, bem como a erradicação das disparidades que permitem que grandes segmentos de nossas comunidades permaneçam ignorantes e desinformados e, portanto, desconectados – sempre foram vistas como pré-requisitos para a democracia nas disciplinas acadêmicas relacionadas à teoria democrática.[22] É difícil entender como e por que elas se perderam ao longo das décadas, o que permitiu que estudiosos das leis e cientistas políticos se concentrassem quase exclusivamente em instituições e em líderes.[23] Assim, ao abordar os pré-requisitos da democracia, poderemos, um dia, perceber que dependemos menos das instituições porque temos a capacidade e as habilidades para realizar, nós mesmos, o trabalho braçal.

E é aqui que começaremos a realmente exercer nossos próprios direitos – quando pudermos ser ultrassociais, como dizem os psicólogos e biólogos. Alguns dos trabalhos mais relevantes que estão sendo feitos hoje em dia e que abarcam diferentes espécies animais e continentes reúnem psicólogos, economistas, antropólogos, biólogos e matemáticos, entre outros, para estudar as condições necessárias para o tipo de cooperação e confiança que ocorre não apenas dentro de um grupo que se parece, age e tem os mesmos valores que nós, mas também – o mais importante – entre tais grupos.

Numa primavera muito quente em Oxford, a Associação de Pais e Professores da escola da minha filha decidiu retomar as vendas de picolés às sextas-feiras, após uma longa pausa durante a pandemia. Esses eventos eram muito populares e divertidos para a comunidade, constituíam oportunidades de reunir e compartilhar um doce após a escola e sinalizavam o início do verão para as crianças, além de arrecadar um pouco de dinheiro para a instituição escolar. Nosso dilema? Quanto cobrar pelos picolés. A escola é de ensino fundamental e pública, em que quase metade das crianças fala inglês como segunda língua, e um número significativo delas depende da merenda escolar gratuita.

Nós, membros da associação, nos perguntamos como poderíamos precificar os picolés para aumentar as chances de que todas as crianças que quisessem um pudessem pagar por ele e, ao mesmo tempo, pelo menos, cobrir os custos e até obter algum lucro para adquirirmos outros itens, como bolas e bambolês, necessários para a escola. Entrei em contato com meu ex-colega Gary King, que sugeriu uma solução que podemos chamar de "solução de doação". Tornamos os picolés gratuitos, mas pedimos a todos que pudessem que doassem algo, qualquer valor, em troca de cada picolé, deixando claro que todo o lucro seria destinado à compra de materiais para a escola. O resultado foi um sucesso retumbante, com muitas pessoas doando mais que o preço original de uma libra. Muitos simplesmente "doaram mais que esse valor". Eles não precisavam fazê-lo. Mas aqui está o motivo pelo qual o fizeram.

Primeiro, experimentos de economia e psicologia nos dizem que a forma de apresentar algo pode ser muito importante. Se apresentarmos as questões de maneira que incentive uma decisão cooperativa e altruística, que permita às pessoas exercer seus direitos com responsabilidade, e não de maneira egoísta, já estamos no caminho certo.[24] Então, em nosso caso, seria preciso explicar que as doações para a compra de picolés não se destinavam apenas ao bolso de um vendedor de sorvetes nem a uma boa causa sobre a qual nunca tinham ouvido falar: deixamos claro que os lucros beneficiariam todas as crianças da escola.

Segundo, os experimentos também nos dizem que, quando se é solicitado a doar dinheiro para um item que é claramente considerado um luxo, como um picolé, as pessoas ficam mais propensas a doar do que se o fizessem para atender a uma necessidade, e muitas vezes estão propensas a pagar mais por esse luxo.[25] Elas, nós, estão mais propensas a querer compartilhar. E essa disposição para compartilhar acontece porque elas não são, afirmam alguns, puramente altruístas: estamos envolvidos no que os cientistas sociais às vezes chamam de "doação que nos proporciona um efeito caloroso". De acordo com essa ideia, de fato fazemos uma doação, ou ajudamos um estranho de alguma outra forma, mas não por uma motivação completamente pura e altruística. Pelo contrário, o efeito caloroso que sentimos ao ajudar é um benefício pessoal que, é claro, valorizamos, e isso nos motiva a agir.

Bem, vou me conformar com essa explicação por enquanto. Seja qual for a concepção de humano que adotarmos, seja um indivíduo egoísta ou altruísta, as evidências mostram que as pessoas podem e ajudarão umas às outras nas circunstâncias certas. Estamos dispostos a reduzir ou limitar nosso direito a algo para que outro também possa se beneficiar. Estruturar a questão adequadamente e aproveitar a doação com efeito caloroso estão entre os primeiros passos em direção ao nosso constitucionalismo de guerrilha, passos que nos incentivam, pois nos ajudam a entender que, ao restringir um pouco meus direitos, posso realmente ajudar outra pessoa a também desfrutar dos direitos dela. Isso não valeria a pena?

Haverá aproveitadores, indivíduos que se aproveitam dessa generosidade? Certamente. Mas talvez o risco valha a pena, e talvez haja maneiras amenas de fazer com que os aproveitadores se alinhem conosco.

A ideia de doação com efeito caloroso para uma negociação de direitos de baixo para cima, como base de nosso constitucionalismo de guerrilha, parece ser uma tarefa difícil. E, claro, os direitos são um "bem" muito diferente – podemos ganhar mais dinheiro, mas podemos criar mais direitos ao abrir mão dos nossos? Bem, vamos pegar o exemplo da orientação sexual e do bolo. Enquanto os tribunais supremos nos Estados Unidos e no Reino Unido debatiam se era constitucional ou não que um confeiteiro cristão se recusasse a fazer um bolo para um casamento homoafetivo, ou a escrever "Apoie o casamento gay" nele, entrei em contato com uma dessas confeiteiras cristãs na internet.[26] "Eu faria um bolo ou uma refeição para *qualquer pessoa* que pedisse", ela respondeu. "Assim como Deus concederia Seu amor a qualquer pessoa que pedisse. Não há exceções para mim."[27] Doação de direitos com efeito caloroso. Exercer seus direitos, mas com responsabilidade. Negociá-los de baixo para cima e, ao fazê-lo, reimaginar seus direitos e se responsabilizar pelo processo. Ter um pouco de seu bolo, mas garantir que seu vizinho possa ter um pouco do dele também.

4

Passe algum tempo em uma praça, repetidamente

O tema musical da comédia televisiva estadunidense *Cheers* descreve um lugar ao qual, às vezes, você só quer ir porque todos lá sabem o seu nome. Essa mensagem é realmente verdadeira, porque o que as pesquisas nos mostraram, ao longo do tempo e do espaço, é que, sim, na maioria das vezes tendemos a querer ir aonde somos conhecidos e apreciados. Ter um espaço em que podemos ir com regularidade, onde sentimos que somos conhecidos e aceitos, também é importante do ponto de vista político. A comunidade física, a esfera pública tangível, nossa vida associativa são absolutamente essenciais para nossa democracia.[1] Esses espaços, abertos e livres, que chamo em um sentido amplo de praças, têm pouco a ver com a lei como a conhecemos. Isso porque a lei, como a conhecemos e desenvolvemos no mundo moderno, não deriva da cooperação em espaços abertos, mas do conflito e de sua resolução.

Afaste-se por um momento do espaço reconfortante do bar ou da cafeteria, onde está desfrutando de uma bebida e conversando com pessoas que conhecem você e estão dispostas a ouvir suas reclamações sobre política, seu trabalho ou seus parentes carentes. Em vez disso, imagine um terreno de terra batida na Inglaterra medieval, onde dois homens nervosos se posicionam para resolver suas diferenças com espadas. A multidão ao redor está hipnotizada pela cena, arfando de medo e excitação, encantada por essa força que fascina nossa psique e nos pede para assistir ao emocionante combate e especular sobre o resultado dele. É, excluindo a violência física, algo semelhante aos julgamentos televisionados que prendem nossa atenção na TV. Lembremos de algum deles, de O. J. Simpson a Johnny Depp e Gwyneth Paltrow. Lembremos de como alguns de nós fomos espectadores, de forma relutante, como quando colocamos a cabeça para fora da janela do carro, embasbacados enquanto diminuímos a velocidade para passar pelo local de um acidente horrível. Sentíamos a compulsão de olhar. Sentíamos alívio por não estarmos envolvidos.

Não há coincidência entre essas duas cenas, nenhuma analogia forçada – mesmo que muitos séculos as separem. O duelo de espadas é a origem do sistema jurídico adversarial pelo qual vivemos hoje em nossos países descritos como civilizados.[2] Veja o caso dos Estados Unidos, onde "as dinâmicas de poder expostas na batalha e no duelo serão familiares para qualquer advogado de tribunal estadunidense hoje".[3] Podemos ter nos deslocado para ambientes fechados, longe do terreno de terra batida, para o teatro estéril e ordenado da sala de tribunal. No entanto, a estrutura permanece – a defesa da honra, do certo e do errado, da justiça e de sua natureza de soma zero continuam conosco. Seja em um terreno de terra batida, seja em uma sala do tribunal asseada, a questão é que essa forma de resolver diferenças tem pouco a ver com a cooperação, pois o duelo muitas vezes era até a morte, e o resultado da sala do tribunal quase nunca é uma situação ganha-ganha; em geral, ela é de soma zero, o que significa que o ganho de uma pessoa é igual à perda da outra. Na prática, porém, pode-se dizer que muitas batalhas judiciais não são de soma zero; se a justiça for feita, se a mensagem enviada pela sociedade tiver efeitos positivos sobre o comportamento das gerações futuras, então não acontece uma perda completa para uma parte e há ganhos futuros para todos. Como James

Marshall, membro da Ordem dos Advogados do Estado de Nova York e tanto atuante quanto estudioso, disse certa vez:

> O conceito popular de lei, reforçado pela literatura e pelos programas de TV, é que ela envolve, sobretudo, litígios conduzidos por adversários hostis ou astutos diante de júris ignorantes e de um juiz que pode ser um modelo de justiça, um asno ou um corrupto. Um lado está certo, o outro está errado. Um lado tenta estabelecer a verdade; o outro, obscurecê-la. Essa visão da lei é como o ideal lendário da guerra retratado nas batalhas cara a cara dos poderosos lutadores da *Ilíada*. Essa visão popular [...] é, no entanto, precisa, na medida em que o sistema adversarial cria aquilo que os teóricos dos jogos chamam de uma situação de soma zero.[4]
>
> No entanto, só precisamos lembrar de alguns dos casos de destaque que ocorreram no passado recente e que pareceram funcionar dessa maneira, como Roe *vs.* Wade nos Estados Unidos, em 1973, o qual salvaguardou a liberdade individual de realizar um aborto. Foi recebido não apenas com alegria genuína por alguns, mas também com desaprovação veemente por outros. Foi polarizador. Abriu um debate, mas também gerou reações violentas. Foi seguido por muitas decisões jurídicas subsequentes em vários níveis do país, culminando recentemente no caso Dobbs *vs.* Jackson, no qual a maioria da Suprema Corte de 2022 decidiu que as interpretações no caso Roe e em alguns casos posteriores estavam "escandalosamente erradas desde o início", enquanto vários juízes dessa mesma corte, em 2022, sugeriram que a decisão de seus colegas de criticar Roe e reverter parte de suas conclusões foi uma "hipocrisia" ou algo profundamente preocupante, pois outros direitos constitucionais nos Estados Unidos podem estar ameaçados.[5]

É assim que a lei resolve problemas, mas precisamos de algo mais; precisamos construir um tipo diferente de estrutura.[6]

Passemos agora a outra zona de conflito e a uma praça pacífica no meio dela. Havia um pequeno e improvisado salão de massagens no espaço mortífero do Iraque, na Zona Internacional de Bagdá, o qual era conhecido como Dojo's Day Spa. Era um trailer, colocado sobre estacas e ladeado por palmeiras, como muitas das edificações temporárias erguidas na Zona Internacional durante a guerra. Dentro dele havia uma atmosfera muito brechtiana, porque era assim mesmo. A jovem filipina proprietária e administradora desse lugar era a personificação da Mãe Coragem,* uma mulher que veio para tirar proveito da guerra. Lembro-me claramente do rosto dela quando sorria ao me cumprimentar na porta.[7] Alguns frascos de xampu estadunidense eram exibidos com orgulho em uma pequena prateleira na parede, como poderiam ter sido em um salão de cabeleireiro da Alemanha Oriental nos anos 1970. Afinal, aquela era uma zona de guerra. Havia outra mulher com ela; tinham vindo juntas de Manila para montar o negócio. Elas enviavam os dólares estadunidenses ganhos a cada massagem, cada pedicure, de volta para os filhos nas Filipinas. Uma das mulheres me disse esperar que com esse dinheiro seu filho pudesse, mais tarde, ir para a faculdade. Talvez até nos Estados Unidos, disse ela. E massageando soldados estadunidenses cansados, após um dia árduo e tenso de combates, essas mulheres prestavam um serviço com benefícios mútuos – elas davam e recebiam.

Um letreiro na parede dizia: Comida Caseira Afetiva. Além das massagens, elas também vendiam "refeições caseiras". (Não havia serviços sexuais disponíveis ali; não era esse tipo de estabelecimento.) Ao oferecerem esses confortos naquele lugar, um ambiente altamente regulamentado e militarizado, elas proporcionavam aos soldados um alívio momentâneo do estresse e da alienação da guerra internacional.

Eu observava os soldados que iam naquele lugar. Eu os via relaxar com máscaras faciais azuis hidratantes cuidadosamente aplicadas. A maioria se conhecia, outros não, mas passavam a se conhecer naquele

---

* Referência à personagem da peça *Mãe Coragem e os seus filhos* (no original em alemão, *Mutter Courage und ihre Kinder*), escrita por Bertolt Brecht. (N.T.)

lugar. Podiam conversar com as mulheres sobre o que estava acontecendo em suas vidas. Não eram julgados por odiar a guerra, por quererem voltar para casa. Ou por quererem ficar. Na verdade, essas mulheres eram uma estrutura de apoio, por mais mínima e temporária que fosse. Substitutas para os prazeres sensuais platônicos da vida doméstica e do conforto do lar em tempos de paz: a sensação de crianças subindo em suas costas, o cozido caseiro quente da mãe e assim por diante. E funcionava. O que era aquilo? Evidentemente, no sentido de ser uma troca de bens e serviços para benefício mútuo, era capitalismo. No entanto, não era isento de externalidades positivas importantes, como os economistas as denominam: situações em que uma terceira parte, que não participa da troca imediata, beneficia-se. O beneficiário pode ser outra pessoa, um grupo ou a sociedade de maneira mais ampla. Nesse caso, talvez fossem as famílias dos soldados, seus amigos, seus colegas. Em meio ao ambiente tenso e instável de uma zona de guerra, duas forças, militares e trabalhadores migrantes, encontraram organicamente uma maneira de cooperar de forma espontânea – eles são responsáveis uns pelos outros nesse espaço bastante limitado.

Não é muito diferente do piano bar japonês no East Side de Nova York, onde trabalhei certa vez; esse espaço permite a existência de uma espécie de comunidade, por mais transitória e superficial e, ousaria dizer, por mais segregada por gênero que possa ser. Parecido com o divã do psicanalista, onde um indivíduo é pago para ouvir o outro; e das trocas entre comprador e vendedor, as quais resultam em algo positivo para os presentes e para outros que não estão lá. Isso porque, entre os soldados que visitam esse espaço, havia um senso compartilhado de identidade que emanava de uma necessidade compartilhada: o que Maria Montessori, a pediatra e educadora italiana, chamou de cuidado consigo mesmo. Pequeno, talvez, e para alguns, insignificante. Mas está longe disso. Nesse lugar, no meio de uma zona de guerra, algum pequeno senso de dignidade podia ser encontrado, e as pessoas que frequentavam o estabelecimento saíam de lá um pouco recuperadas.

A cena em Bagdá é exatamente o que Michael Polanyi poderia ter chamado de cooperação espontânea, mesmo que baseada no interesse próprio, como nesse exemplo. A cooperação exige confiança, e a confiança exige um sentimento compartilhado de valores, e esse sentimento compartilhado pode muitas vezes ser encontrado, no início, por meio desses espaços de praça.

Outro exemplo dessa ordem espontânea em um lugar fixo pode ser encontrado muito longe de Bagdá, no Bury Knowle Playground, em Oxford; e onde, em qualquer dia de verão, crianças negras, pardas e brancas, de diferentes religiões e classes, podem se reunir e de fato o fazem para desobstruir a bomba d'água sem a interferência de pais, professores ou valentões. Esses jovens se comportam de maneira bastante similar à dos homens idosos em uma lanchonete no South Side de Chicago, onde o sociólogo Mitchell Duneier estudou as relações raciais e documentou as interações em seu premiado livro *Slim's Table*. Duneier descobriu que o segredo para a solidariedade e a consciência dos negros dessa comunidade residia, em grande parte, no respeito mútuo e na sensação que todos tinham de, naquele espaço, compartilharem a mesma identidade e ultrapassarem as barreiras raciais. Havia um espaço para aqueles homens desenvolverem sua percepção um do outro, repetidamente, sozinhos. Eles podiam escolher quando estar lá e quando não. Podiam conversar enquanto tomavam café barato e encontrar algo que os unisse, um senso compartilhado de si mesmos, e se organizar espontaneamente em torno disso. É significativo que esse pequeno bolsão existisse como uma ilha no South Side de Chicago. Basta ler *Filho nativo* de Richard Wright, assistir a cenas de *Os irmãos cara de pau* ou ouvir "Bad, Bad Leroy Brown" de Jim Croce para entender que esse era um dos lugares mais racial e etnicamente diversos de Chicago (e dos Estados Unidos de forma mais geral), com uma disparidade gigantesca de riqueza entre afortunados e desafortunados.

Entretanto, vamos lembrar o que as bolhas nos mostraram. A natureza pode encontrar sua boa ordem, se deixada por conta própria. O que esses bolsões em Chicago, Bagdá e Oxford nos mostram é que teremos mais oportunidades de encontrar nossa própria boa ordem quando espaços compartilhados, por mais pequenos e improvisados que sejam, forem criados por nós e usados regularmente por nós, como uma comunidade. É uma nova compreensão de uma ideia muito antiga: a praça – "uma abertura no tecido da cidade que permite, ao público em geral, acesso e atividades várias formas".[8] Com raízes na ágora grega, as praças foram locais que oscilaram ao longo dos séculos entre o uso militar e político pelo Estado, o uso religioso, o uso comercial e o uso público espontâneo. Sugiro que reconquistemos esses espaços especiais – nem totalmente privados nem de propriedade estatal – como esferas públicas entre os recantos privados e estatais, que chamarei aqui de praça.

O geógrafo urbano David Harvey especulou, com frequência, sobre nossos "lugares de sociabilidade", como ele os chama. Nesses lugares, Harvey sugere que as diferenças podem e devem se chocar e, através desse processo, dessas iterações, podemos "resolver coisas".[9] É uma ideia utópica, com certeza, pois, em certos lugares, quando foi permitido que essas diferenças se chocassem, elas levaram, na verdade, à violência. Porém, essa resolução descentralizada e espontânea de nossas diferenças – e nesse processo a compreensão de que, apesar de nossas diferenças, compartilhamos certos valores fundamentais – está no cerne do meu projeto utópico também. Se nos reunirmos para entender melhor as diferenças, o restante, espero, surgirá. Contudo, é provável que experimentemos alguns solavancos no percurso.

Vamos voltar, por exemplo, para a década de 1970, em Notting Hill, oeste de Londres, que não era muito diferente do South Side de Chicago naquela época. Era repleto de fileiras de casas deterioradas, entremeadas por ocasionais terrenos baldios que não tinham sido reconstruídos desde os bombardeios alemães da Segunda Guerra Mundial. A falta de financiamento municipal para aquela área a tornara uma parte desagradável de Londres e, portanto, uma fonte de moradias baratas. Ao contrário de hoje, nos anos 1970, Notting Hill atraía os menos abastados de Londres, muitos deles imigrantes, que não tinham condições financeiras para pagar aluguéis nas partes mais verdes e limpas da cidade. Muitos desses imigrantes vinham de ex-colônias britânicas, e muitas famílias negras do Caribe estavam entre eles. Essas famílias encontravam conforto e uma comunidade naquele lugar, organizando lugares de encontro – a versão deles de praça – onde podiam compartilhar comida, música e a subcultura de que precisavam para imaginar, apropriadamente, sua própria comunidade lado a lado com aquela estabelecida pela Grã-Bretanha branca.

O restaurante Mangrove, no número 8 da All Saints Road, W11, foi um desses lugares. Aberto a noite inteira, com a maior parte do movimento ocorrendo de madrugada, atraía uma miríade de imigrantes da Jamaica e de outras áreas do Caribe que residiam em Londres: de moradores locais desconhecidos com famílias jovens a artistas, intelectuais e músicos negros famosos. O local era administrado por seu proprietário, o ativista de direitos civis Frank Crichlow, mas o florescimento espontâneo de um centro comunitário ao redor desse restaurante foi um processo eminentemente local, descentralizado, cuja culminância foi a construção de uma comunidade real – que venceria uma das batalhas judiciais mais importantes contra o racismo na história do Reino Unido.[10]

A polícia de Londres realizava, repetidamente, batidas no Mangrove, alegando que o local era um antro de drogas e prostituição. Os frequentadores negavam essas alegações, e nenhuma prova de qualquer comportamento ilegal ou antissocial jamais foi encontrada. Após 12 batidas policiais no espaço de 18 meses, todas com o intuito aparente de encontrar evidências de atividades ilegais, moradores frustrados decidiram formar o Comitê de Ação em Defesa do Mangrove. Em 9 de agosto de 1970, 150 membros desse comitê e outros apoiadores do bairro marcharam até a delegacia de polícia em Notting Hill para protestar contra o que sentiam ser assédio policial reiterado, com base em ódio racial. A Polícia Metropolitana mobilizou uma unidade especial, incluindo policiais à paisana e fotógrafos, que se misturaram aos manifestantes. No que mais tarde se descobriu ser uma tentativa deliberada da polícia de mirar no movimento emergente de poder negro, a ação policial provocou confrontos violentos. Na sequência, a polícia prendeu aqueles que se tornariam conhecidos como os Nove do Mangrove – nove ativistas que defendiam o restaurante – e os acusou de incitar distúrbios, entre outras alegações.

Os nove membros detidos exigiram um júri composto integralmente por negros, um júri formado por seus pares. Seguindo precedentes estabelecidos pelos Panteras Negras nos Estados Unidos, esses nove indivíduos e seus apoiadores trabalharam para construir uma rede de informações, elevando o caso de um exemplo local de conflito racial com a polícia para um da mais alta importância nacional, com implicações para todos os Estados-nação ao redor do mundo. Membros da comunidade Mangrove distribuíram panfletos e iniciaram uma campanha de utilidade pública para aumentar a conscientização sobre o caso e sobre o racismo institucional de maneira mais geral. Após 55 dias de julgamento diante de um júri, todos os nove foram absolvidos das acusações mais graves contra eles, sendo cinco deles absolvidos de todas as acusações. A decisão foi um marco em um sentido muito especial: foi a primeira vez que um juiz reconheceu tanto preconceito racial quanto má conduta por parte da Polícia Metropolitana de Londres.[11] Mas o bom trabalho não parou por aí.

Com essa decisão, além do apoio e da atenção que haviam conquistado nacionalmente, os Nove do Mangrove se dissolveram, mas eles e a comunidade trabalharam em diferentes grupos e organizações, como círculos em um diagrama de Venn, para promover a reforma e a responsabilidade policial no Reino Unido ao longo das décadas seguintes. Através de novos grupos e movimentos, esses círculos sobrepostos de cooperação surgiam e desapareciam, aprendendo uns com os outros. Outros desdobramentos incluíram a Associação Comunitária Mangrove, que se tornou uma espécie de Associação Cristã de Moços ampliada, a qual procurava fornecer serviços para os membros jovens e idosos da comunidade e reabilitar ex-presidiários, entre outras coisas.

Isso mostra como a cooperação espontânea e autoimplementada começou localmente, em uma praça específica, e depois ganhou a confiança imediata de toda uma comunidade, de modo a fornecer uma base para interação social em nível macro.

Enviei algumas perguntas ao fotógrafo oficial dos Nove do Mangrove, Neil Kenlock, nascido na Jamaica. Kenlock, agora na casa dos 70 anos, documentou a experiência desses movimentos, mas também a experiência negra no Reino Unido de maneira geral. Eu estava curiosa para saber como o movimento que apoiou os Nove do Mangrove nascera, como se organizara, quem tinham sido os líderes – se é que houve algum. Kenlock me disse por e-mail que, simplesmente, "não havia ninguém dizendo que você deveria estar em determinado lugar às 10h, as pessoas apenas analisavam a situação e agiam". Não havia liderança dominante nem hierarquia. As pessoas se informavam. Elas traziam aqueles que tinham mais instrução, mais experiência, para compartilhar suas histórias e inspirá-las. Isso foi inspiração e educação, não mobilização. É importante ressaltar, segundo Kenlock: "Ninguém disse a eles para fazer nada, mas eles queriam se envolver". Por quê? Era óbvio: "As pessoas se conheciam e entendiam o que estava acontecendo. Todos olhavam na mesma direção".[12] E esse é o poder da praça, pois nos permite olhar na mesma direção, literalmente – e ter uma compreensão compartilhada uns dos outros. Com isso, podemos então tomar providências para coordenar nossas ações e fazer as coisas acontecerem, assim como fizeram em Notting Hill.

Há vários anos, minha família fez um passeio de um dia a um vilarejo bucólico no condado de Oxfordshire. Além da escola do vilarejo e de seu parquinho, perto de espinheiros e campos, um grupo de meninos com idades entre 8 e 14 anos empenhava-se, com pás e enxadas, em escavar uma pequena área na beira do parquinho que, a princípio, pensei que pudesse ser para eles fazerem uma horta comunitária para a vila. Esses meninos, na verdade, não estavam plantando vegetais, mas criando colinas para a construção de uma pista de bicicleta *off-road*, não apenas esculpindo o espaço principal, mas também criando canaletas, determinando, por conta própria, a inclinação das rampas e tomando posse daquele espaço. Tendo, há bastante tempo, ficado velhos demais para brincar nos balanços e no escorregador feitos para crianças pequenas no *playground* adjacente, eles trabalhavam juntos, decidiam o que queriam que aquele espaço fosse para eles e tomavam as devidas providências. É assim, de muitas maneiras, que uma praça começa.

Algo semelhante ocorreu em Birmingham durante a pandemia. Dessa vez, os jovens eram um pouco mais velhos, mas igualmente determinados a criar um espaço público e aberto para a prática do esporte, numa altura em que as praças cobertas não eram uma opção em razão dos riscos para a saúde pública. O Bournbrook Skatepark, em Birmingham, foi iniciado durante os dias sombrios e desoladores de 2020 numa cidade conhecida por sua diversidade social e econômica. Ao longo das décadas anteriores, os cidadãos daquele lugar haviam tentado gerir essa diversidade em suas relações com o governo local. Num mundo e numa cidade desconfiados da radicalização islâmica, aquele talvez fosse um lugar improvável para o sucesso de um projeto comunitário desse tipo.[13] Mas, apesar dessa diversidade, ou talvez por causa dela, dentro de Birmingham, Bournbrook havia sido palco de ondas de engajamento positivo nas últimas décadas. Foi um dos primeiros lugares públicos na Europa em que a arte de rua foi legalmente autorizada e, em alguns lugares, até estimulada. Banksy e artistas de vários graus de notoriedade haviam exposto seus trabalhos naquele lugar. Alguns dos espaços, ao longo dos anos, através das mudanças geracionais que precisam acontecer e, de fato, acontecem, tornaram-se desocupados, desgastados e até decadentes.

Assim, durante a pandemia, um grupo de jovens skatistas, frustrados pelo confinamento e conscientes do desperdício de espaços utilizáveis na cidade, decidiu tomar providências. Juntos, passaram horas e horas arrancando ervas daninhas e espinheiros, varrendo e recolhendo detritos, e depois encontrando os voluntários com as habilidades de construção necessárias para ajudar a criar um parque de skate comunitário. Tudo isso foi temporariamente bloqueado pela assembleia municipal, mas eles negociaram um caminho para se desvencilhar da teia burocrática, e o projeto foi tão bem-sucedido que a assembleia passou a apoiar o parque. Com o envolvimento de empresas locais, esses vários grupos o gerenciam em conjunto. O sucesso do parque é incrementado pelo fato de que ele é bastante aberto. Os parques de skate fechados cobram entrada e, portanto, excluem aqueles que não podem pagar; já os parques ao ar livre, não. Quadras de basquete e campos de futebol tendem a ser usados por homens atléticos, mas os parques de skate são lugares onde jovens de diferentes raças, gêneros, habilidades e faixas etárias podem se reunir e compartilhar algo – seu amor pelo esporte e pela subcultura que o acompanha. Essa identidade compartilhada transcende outras identidades e cria o tipo de vínculo necessário para superar divisões potencialmente desagregadoras, como raça, religião ou, às vezes, até mesmo gênero. Claro que há desafios. No entanto, ao trabalhar nesses desafios por meio de uma praça, seja qual for sua forma, os cidadãos começam a entender tanto o que os diferencia dos outros como, mais importante, o quanto têm em comum.[14]

Saindo da pandemia, sabemos que o parque e projetos semelhantes tiveram, pelo menos, esses efeitos duplos em nossas comunidades e nossos espaços. Estamos aguardando para ver quanto tempo isso durará. Esses projetos colocam olhos nas ruas e transformam espaços abandonados e devastados em lugares populares e amados. Também fornecem uma base para a recuperação que não depende, exclusivamente, de atividades de varejo ou lazer, como bares ou restaurantes, ou seja, atividades que não envolvam só gastar dinheiro.

Primeiro, e muito claramente para todos, as restrições legais durante o confinamento quanto ao uso de espaços levaram a um aumento do uso de espaços privados, com um legado de longo prazo e um desejo de maior solidão. É o que mostram o aumento e a permanência do clamor por trabalho remoto, aprendizado on-line e telemedicina, que foram trazidos para dentro de nossas casas por necessidade, levando alguns a fazerem uma escolha consciente de lá permanecerem. É óbvio que isso tem algumas implicações negativas para a nossa sociabilidade. Pelo menos um projeto de pesquisa, liderado pela British Academy, descobriu que "a covid-19 e a resposta do governo a ela impactaram pessoas diferentes de maneiras diferentes, muitas vezes aumentando desigualdades estruturais existentes em relação à renda e à pobreza, desigualdades socioeconômicas em educação e habilidades, bem como desigualdades intergeracionais – com efeitos mais marcantes sobre as crianças".[15] Essas desigualdades podem ter dificultado ainda mais as chances de nos reunirmos.

No entanto, o segundo efeito que vimos é exatamente igual ao demonstrado pelos skatistas e outros cidadãos que dependiam dessas praças para suas necessidades e lamentavam tanto o fechamento legal delas por razões de saúde pública quanto o fato de que os governos sobrecarregados não conseguiam mais realizar, de modo adequado, as obras de infraestrutura enquanto elas estavam fechadas por decreto. Nesse caso, indivíduos e grupos agiram criando as próprias praças, de hortas comunitárias e despensas de alimentos a parques de skate – projetos que, em alguns casos, eram tão importantes para as comunidades que incentivaram uma nova maneira de conceber o que o espaço público deveria ser na época pós-pandemia e como deveríamos imaginá-lo coletivamente.

A praça: um salão de beleza, um salão de massagem, um restaurante, a livraria-cafeteria que funciona a noite toda, um parque de skate comunitário ao ar livre. Jogar boliche juntos, não sozinhos.[16] Estar fisicamente presente na esfera pública, múltiplas vezes, e conhecer as pessoas nela com o intuito de desenvolver um vínculo comum, um sentimento mútuo e um sentimento pelo lugar em si.

Esse vínculo, mais que qualquer espaço específico, é o meu terceiro pilar em nossa busca por nos tornarmos cidadãos melhores, mais felizes e mais ativos. Ele não é novo. E alguns países, como os Estados Unidos, por exemplo, eram realmente bons em construir esses laços, pelo menos para alguns de seus habitantes. Eles eram tão bons que um francês visitante, Alexis de Tocqueville, elogiou a vida associativa estadunidense e sugeriu, com inveja, que era essa característica singular que fazia a democracia daquele lugar funcionar quando as outras pareciam não estar indo tão bem.

As coisas mudaram muito; a visita dele ocorreu no início dos anos 1800. Não sei o que ele teria pensado sobre um parque de skate construído pela comunidade como uma forma de vida democrática associativa, mas acredito que, provavelmente, de Tocqueville teria ficado impressionado. Os múltiplos exemplos que proliferaram durante a pandemia demonstram que uma base já existe, por mais latente que seja, em muitas culturas específicas, senão em países inteiros, não importa o quão divididos possamos estar agora. Abrangendo desde projetos de lazer aos pomares e jardins comunitários que surgiram em todo o mundo para lidar com crises alimentares, sabemos que as pessoas desejam esses lugares, pois o espaço público é um professor, e temos muito a aprender com ele agora, após o longo fechamento dos espaços públicos, enquanto olhamos para o futuro pós-pandêmico da praça.

E por que isso é importante para a minha teoria? Porque as regras não podem nos dar cooperação. A lei não nos incentiva nem mesmo nos obriga a cooperar. Esse não é o objetivo dela. A praça é o lugar para resolver diferenças através da cooperação, para formar um senso de identidade compartilhada, para entender o que temos e o que não temos em comum, e às vezes isso pode envolver conflitos. Imagine, por um momento, estar em uma fila longa em um supermercado, onde apenas um caixa está aberto enquanto outros funcionários estão desocupados. Você olha para a pessoa na sua frente e para a que está atrás de você. Um de vocês começa a conversar, menciona que está estacionado em uma vaga de curto prazo e que precisa pegar o filho na escola, e pergunta se alguém simplesmente não poderia abrir outro caixa. À medida que mais pessoas entram na conversa, um dos funcionários ouve o descontentamento delas, ou de um de vocês – empoderado por saber que compartilha dos sentimentos dos outros – e corajosamente solicita aos funcionários para abrir outro caixa. E eles abrem. E você percebe que talvez eles só precisassem de um pequeno empurrão. Esse é o poder da praça, mesmo que de uma maneira muito imediata e finita.

A praça funciona porque fornece um espaço para o conhecimento compartilhado – para aumentar as chances de você saber, de alguém mais saber, de ainda outra pessoa saber algo. Isso parece um enigma ou trava-língua infantil quando dito dessa maneira: eu sei que você sabe que eu sei... e assim sucessivamente. Mas esse é um conceito fundamental nas ciências sociais, e hoje em dia acredita-se que o conhecimento compartilhado esteja no cerne da cooperação. Isso porque, ao tentarmos cooperar, sempre teremos alguns problemas de coordenação. Por exemplo, onde nos encontrar, quando fazê-lo, como chegar lá, quem faz o quê – esses desafios surgem em todos os lugares. Pense em tentar marcar um encontro em um espaço público para sua filha e duas amiguinhas dela; ou, mais complicado ainda, tente reunir um pequeno grupo de familiares para um aniversário. Mesmo no mundo de alta tecnologia de hoje, isso não é fácil. Esse simples fato – cuja coordenação é complexa e cuja ausência, muitas vezes, dificulta a cooperação – pode ser explorado pelos governos, sobretudo os totalitários, como uma forma de evitar protestos e outros tipos de ação coletiva destinados a desafiar as práticas existentes.

Pense por um momento nos filmes da Guerra Fria que retratavam a vida na Europa Oriental e no antigo espaço soviético. Um objetivo do regime ditatorial era impedir o conhecimento compartilhado, impedir que as pessoas soubessem que outras estavam cansadas do regime e queriam mudá-lo, saber que outros sabiam disso e assim por diante. As ditaduras prosperam quando atomizam as pessoas, porque pessoas atomizadas, em geral, são mais fracas e não sabem que outras sabem que sabem que todas estão cansadas e querem mudar e estão prontas para fazer algo a esse respeito – contanto que não tenham de agir sozinhas. Quando o conhecimento compartilhado inexiste, então o único conhecimento é o privado; ou não existe conhecimento algum, mas notícias falsas fabricadas pelo regime ou por seus fantoches ou por alguém com interesses privados. A verdadeira democracia requer cooperação. A cooperação requer conhecimento compartilhado. O conhecimento compartilhado requer uma praça.

Michael Chwe, um teórico dos jogos e um dos mais relevantes teóricos do conhecimento compartilhado, falou sobre um experimento realizado no México.[17] Ele descreveu como, em parceria com o escritório da Unesco no México, Eric Arias, um estudante de pós-graduação em ciência política na Universidade de Nova York, mediu os efeitos de uma novela de rádio com temática antiviolência em San Bartolomé Quialana, uma comunidade rural em Oaxaca. Arias descobriu que, quando uma pessoa ouvia a novela em um aparelho dentro da própria casa, isso não surtia um efeito significativo sobre suas atitudes em relação à violência contra as mulheres. No entanto, quando o programa era reproduzido pelo alto-falante da vila ou em reuniões comunitárias, ele surtia um efeito.

Em outras palavras, a novela parecia ser eficaz apenas quando era conhecimento compartilhado, quando cada um sabia que outros a ouviam.[18] Isso ocorria quando aqueles que ouviam a mensagem antiviolência em espaços públicos podiam ver que outros também a ouviam, percebiam que os outros agora sabiam que a violência contra as mulheres era um problema. Portanto, não era apenas o conteúdo da mensagem, mas o fato de que as pessoas sabiam que outros também tinham ouvido esse conteúdo importante, e que a ideia de que a violência doméstica era um horror agora era conhecimento compartilhado. Outro exemplo do poder singular da praça.[19]

Existe alguma outra evidência de outro tempo ou outro espaço que indique que isso importa de verdade para a democracia – para tornar nossa vida melhor de outras maneiras? No final dos anos 1980, meu ex-colega de Harvard, Bob Putnam, juntou-se a dois pesquisadores italianos, Robert Leonardi e Raffaella Nanetti, para estudar a democracia italiana. Bob e sua equipe estavam particularmente interessados em entender as variações dentro de um mesmo país, a Itália – as variações no nível de "democracia" entre algumas regiões na Itália. Começando em um ponto histórico nos anos 1970, quando o governo central italiano decidiu se descentralizar, conferindo às regiões uma certa autonomia jurídica em determinadas áreas da política, bem como a própria infraestrutura institucional, Bob e seus colegas queriam entender por que, 20 anos mais tarde, algumas dessas regiões eram exemplos brilhantes de democracia (eficientes, responsáveis, eficazes no fornecimento de bens públicos), enquanto outras encontravam dificuldades para atender até mesmo a critérios básicos.

O que eles concluíram foi impressionante: o sucesso da democracia dependia fundamentalmente não da qualidade dos legisladores ou das instituições, mas dos laços horizontais entre os cidadãos. Putnam referiu-se a esses laços e às normas associadas a essas conexões como capital social. O norte da Itália foi, de longe, a região que teve melhor desempenho; e o que ele e sua equipe observaram foi que essa região tinha um histórico mais forte de engajamento comunitário – de guildas, clubes, corais e assim por diante – do que suas contrapartes do sul.[20]

Duas ressalvas são necessárias. Em primeiro lugar, embora essas correlações estejam documentadas, nem sempre entendemos completamente a direção da causalidade – o que significa que sempre existe um problema de ovo e galinha com esse tipo de pesquisa. Contudo, uma correlação comprovada já é bastante significativa. Além disso, o fenômeno pré-escolar que despertou a imaginação dos educadores em todo o mundo, o qual discuto em mais detalhes mais adiante, nasceu na cidade italiana de Reggio Emilia, na Emilia-Romagna, região que superou todas as outras na pesquisa de Putnam. Há alguma verdade na ideia de que a confiança construída através do capital social é importante para a cultura da democracia e de seus cidadãos a longo prazo.

A segunda ressalva diz respeito aos possíveis perigos do capital social, ou vamos chamá-los de perversões desses grupos sociais. Sheri Berman apresentou uma crítica relevante à ideia de que associações cívicas, em particular grupos muito organizados, levariam linearmente a uma democracia robusta, mostrando que os nazistas na Alemanha, por exemplo, visaram e infiltraram grupos cívicos existentes durante o período experimental e progressista de Weimar, usando essa densa rede de capital social para fazer avançarem seus objetivos fascistas.[21] Precisamos estar atentos a isso. No entanto, o que eu gostaria de incentivar não é tanto a formação de grupos hierárquicos e de equipes esportivas juvenis com mensalidades altas e requisitos de entrada competitivos – embora grupos voluntários juvenis e outros possam ser associações agradáveis –, mas sim o encontro espontâneo de pessoas na esfera pública, em que há entrada e saída livre, em que não há mensalidades ou taxas a pagar, em que os líderes – caso existam – são meros facilitadores ou coordenadores, em vez de diretores ou gerentes, e onde nos reunimos de livre e espontânea vontade e sabemos que não seremos obrigados a estar presentes, a comparecer, se não quisermos.

Há meio século, o filósofo alemão Jürgen Habermas foi um dos primeiros a teorizar o que ele chamou de "esfera pública". Em um artigo clássico, o autor afirmou que "por 'esfera pública' entendemos, acima de tudo, um domínio de nossa vida social em que algo próximo à opinião pública pode ser formado. O acesso é assegurado a todos os cidadãos".[22] Os teóricos alemães do pós-guerra, entre os quais Habermas emergiu como figura principal, estavam cientes e aceitavam o fracasso das teorias marxistas em apresentar caminhos realistas para o futuro. Eles assistiram à construção do Muro de Berlim e, mesmo assim, não discordaram completamente do projeto intelectual, o qual se baseava nas críticas ao capitalismo encontradas nas obras de Karl Marx e em seus trabalhos em colaborações com Friedrich Engels. Muitos deles discordam veementemente da encarnação política que o marxismo assumiu na União Soviética e na Europa Oriental na época, mas se perguntavam se algo poderia ser resgatado do projeto intelectual iniciado por Marx. Assim, a Escola de Frankfurt, esse grupo informal de intelectuais que esperava recuperar algumas sementes do pensamento marxista e torná-las mais aplicáveis às preocupações pós-guerra, então urgentes, queria entender menos sobre as classes políticas e os políticos e pensar mais no poder da esfera pública, no poder dos cidadãos comuns interagindo uns com os outros nesses espaços livres para gerar pensamentos, críticas às classes dominantes e até programas para um futuro melhor, mais equitativo e democrático.

Contudo, esses filósofos, incluindo Habermas, notaram os desafios substanciais de construir uma esfera pública ideal e verdadeira – sobretudo a exigência de que "o acesso seja garantido a todos os cidadãos". Para entender a ênfase em "todos", precisamos apenas pensar nas mulheres e nas minorias, naqueles com problemas físicos ou mentais, em todos aqueles que não conseguem acessar livremente a esfera pública e, como consequência disso, perdem o fundamental e necessário processo de vida social em que algo próximo à opinião pública pode ser formado.

A internet e as redes sociais têm feito uma grande contribuição, embora com limitações e não isentas de interesses comerciais e privados, para a abertura da esfera pública a todos nós. Mas o que precisamos acima de qualquer coisa agora, à medida que deixamos para trás a pandemia de 2020, é um genuíno espaço público cara a cara, uma praça, onde o acesso não seja apenas teórico, mas também realista e concretamente garantido a todos. Como esses espaços serão a partir de agora? Eles não podem, não devem, ser espaços excludentes que impeçam a participação de certos gêneros ou raças, certos grupos, seja de maneira formal ou prática. Já reconhecemos que alguns de nossos espaços históricos mais preciosos não podem ser acessados por cadeirantes ou por aqueles que encontram dificuldades em se locomover sobre paralelepípedos, pois você pode escolher usar saltos agulha e arriscar quebrar o pescoço para chegar à Radcliffe Camera em Oxford (eu estive lá e passei por isso), mas isso é radicalmente diferente de não ter escolha senão rolar uma cadeira de rodas sobre pedras. Não existe outra opção se os espaços têm essas barreiras físicas à nossa entrada.

E quanto às pedras invisíveis? Precisamos pensar nos outros, naqueles que acham alguns espaços intimidadores por estarem no espectro autista; têm bebês ou crianças pequenas e precisam de lugares tranquilos em espaços públicos para amamentar; são transgêneros e não querem ser encarados, ridicularizados ou se sentir estranhos em público; ou aqueles que não conseguem sair de casa ou do local de trabalho para terem um encontro, por alguma razão, talvez por estarem financeiramente inseguros e com pouco tempo para o lazer. Todas essas situações criam barreiras ao ingresso na esfera pública, e o ônus para criar as praças abertas que todos podem frequentar é nosso; também é nosso o ônus de pensar em como podemos fazer para que, cada vez mais, o tempo de lazer seja uma parte do dia necessária para todos. Não o tipo de lazer ostensivo ou visível com o qual Thorstein Veblen se preocupava, correta ou erroneamente, no final do século XIX – o consumismo esbanjador que ele afirmava não ser lazer de fato, e sim uma busca por prestígio social –, mas aquele que nos permite apreciar nossas diferenças e encontrar terreno comum, literal e figurativamente.[23]

Assim, até mesmo chegar à praça pode ser problemático e excludente, e é aqui que precisamos trabalhar ainda mais arduamente e gerar novas ideias. Apoorva Tadepalli, uma jornalista de Bombaim, comentou: "Existe exclusão na infraestrutura das estações de transporte público e em seus horários: ambos são projetados para viajantes não deficientes que circulam no horário das 9h às 17h, que não estão grávidas e não fazem paradas no supermercado ou na creche ao longo do caminho para casa. As mulheres também estão sujeitas ao imposto rosa, dependendo mais que os homens do transporte público e gastando mais por mês com isso, sobretudo se forem as cuidadoras principais. Além disso, existe a exclusão psicológica: as mulheres precisam lidar com o medo de serem atacadas em sua rotina diária enquanto se movimentam pelos espaços públicos, o que tem um impacto mental (e talvez econômico, pela segurança de pegar um táxi ou morar em um prédio com aparato de segurança)". Esse trecho é uma parte da resenha que Tadepalli escreveu sobre o trabalho de Leslie Kern, uma estudiosa urbana feminista de Toronto que está tentando nos fazer entender tanto as formas explícitas quanto as não explícitas, deliberadas e não deliberadas, como cidades e espaços discriminam e excluem; e, portanto, são tudo, menos democráticos.[24]

O lado bom é que Kern não é a única a nos ajudar a abrir as praças – espiritual ou literalmente. Arquitetos e estudiosos de saúde pública, geografia e planejamento urbano estão se unindo agora para projetar o que está sendo chamado de "bairros minimizadores de trauma". Trata-se de espaços públicos cujos aspectos físicos são examinados meticulosamente por seus projetistas – "iluminação, densidade de tráfego, ruído e área verde" – na tentativa de tentar documentar os danos tanto à saúde física quanto à mental, mas também de modo a pensar em como projetos específicos para o bairro podem desencadear traumas ou incentivar a cura deles, e estão encontrando maneiras de promover mais este último.[25]

Se você é um genitor que fica em casa, precisa de, pelo menos, algum tempo ao longo do dia para sair de casa e ir até a praça, e fazer isso com segurança e de uma maneira que funcione para seus filhos; se você trabalha como babá durante o dia e limpa prédios de escritórios à noite, precisamos tornar possível sua participação na vida associativa também. Isso porque a distinção rígida entre as esferas pública e privada há muito tempo pressupõe uma concepção irrealista de praça: homens brancos desfrutando de seu tempo livre. Isso tem muito a ver com aquilo que de Tocqueville viu e amou. Mas o de Tocqueville de hoje – esse grande amante da igualdade – certamente a veria agora como um bom começo, mas também como um estado desequilibrado, desigual e insalubre, pois nossas esferas públicas e nossa vida associativa nunca prosperarão plenamente até que todos tenham acesso, até que todos tenham as capacidades necessárias para participar delas.[26]

Em termos de passos práticos que podemos dar, devemos olhar para Kern e para outros trabalhos importantes que vêm sendo feitos por geógrafos, urbanistas e arquitetos paisagistas preocupados com a acessibilidade. Vejamos outro exemplo, o trabalho de Elizabeth Sweet, uma geógrafa que acredita que podemos reduzir a violência nos espaços urbanos ao ligar, em vez de separar, as esferas pública e privada – efetivamente dissolvendo a linha divisória entre elas. Bem diferente, de certa forma, do projeto pós-Escola de Frankfurt, que as separava para proteger a vida associativa, essa ideia funde as esferas. A esfera privada está, sem dúvida, no centro de muitos problemas hoje, incluindo a contínua submissão das mulheres, mas também de transgêneros e gays; ela ainda é o espaço padrão para algumas pessoas com necessidades especiais, ou para qualquer minoria que se sinta (legal, emocionalmente ou de outra forma) excluída da esfera pública: a mãe ou o pai que fica em casa sem tempo livre; o jovem com síndrome de fadiga crônica que tem dificuldades para se levantar da cama; o adolescente autista que teme a interação social.

Assim, Sweet pede um planejamento urbano que realmente se concentre nas partes privadas de nós, em nossos corpos e nossas emoções, como ponto de partida. Trata-se de cidadania encarnada. Faz sentido, porque sabemos que a segurança física e emocional é, claro, crucial para a comunidade (para o espaço público), e também sabemos que essa segurança tem um efeito direto de retorno sobre o corpo e a mente da pessoa (o espaço privado). Para Sweet, então, essas áreas estão intimamente relacionadas de maneira recíproca e dinâmica – e, portanto, por que mantê-las separadas de modo artificial? Conforme a autora, pensar o espaço urbano inclui pensar a emoção urbana, e quaisquer tentativas de ajudar a criar o que eu chamaria de praças precisariam levar em consideração maneiras que permitam a verdadeira participação, bem como a capacidade dos espaços de absorver e mediar emoções, como uma forma de misturar o privado e o público, de torná-los mais contínuos ao fazê-los parecerem mais confortáveis e acolhedores.[27] Um novo tipo de corpo político, um corpo político encarnado. É fato que precisamos saber, pensar e discutir todos esses aspectos juntos para descobrir como isso pode ser implementado na prática.

Entretanto, temos algumas ideias de onde e como podemos começar. Quando de nossa ausência das praças durante a pandemia, todos sofremos, como demonstram os dados, um aumento acentuado nos problemas de saúde física e mental diretamente relacionados ao isolamento.[28]

Mas quando retornamos a esses lugares e espaços, sobretudo às praças ao ar livre, sentimos um apreço surpreendente pelo que mudara. A poluição diminuíra, enquanto a biodiversidade aumentara. Espécies de aves começaram a fazer chamadas de acasalamento tonais que não eram ouvidas há décadas devido ao barulho do tráfego e da indústria; moradores de partes da Índia puderam, pela primeira vez em décadas, enxergar a cadeia dos Himalaias de seus telhados. Tudo isso nos motivou a retornar aos nossos espaços, mas de uma maneira diferente. Começamos a pensar mais na luz e na poluição luminosa; começamos a pensar mais em como nossos sentidos foram sobrecarregados pelos espaços públicos, em vez de nutridos por eles.

Considere o barulho – ou a falta dele. O grande historiador francês dos sentidos, Alain Corbin, observou que, séculos atrás, "a intimidade dos lugares, a do quarto e de seus móveis, assim como a da casa, estava ligada ao silêncio".[29] De fato, o silêncio – e tudo que ele implica, não apenas a ausência de ruído – pode ser o ponto de partida. Não se trata da proibição do barulho, mas da tentativa de recapturar algo da intimidade da esfera privada, transportando-a para a esfera pública. O que nosso retorno às praças após a pandemia nos mostrou é que podemos trabalhar com urbanistas e governos locais para criar um museu público vivo do silêncio, onde várias partes íntimas de nossos eus privados podem se sentir acolhidas na esfera pública, confortáveis o suficiente para serem compartilhadas e vivenciadas em conjunto.

Corbin faz um apelo elegante por escrito: "Minha evocação neste livro do silêncio do passado e de como as pessoas o procuravam, e das qualidades, disciplinas, táticas, riqueza e poder da fala do silêncio, pode nos ajudar a reaprender como ficar em silêncio, ou seja, sermos nós mesmos".[30] E como podemos fazer isso? Talvez a cidade dos 15 minutos, uma das ideias mais incríveis e controversas da atualidade, seja um bom ponto de partida.

A cidade dos 15 minutos é uma ideia popularizada há pouco tempo por Carlos Moreno, um urbanista franco-colombiano, que lamentou o fato de estarmos constantemente sendo solicitados a nos adaptar a uma infraestrutura urbana que nos leva a caminhar e pedalar cada vez menos para atender às nossas necessidades básicas. Desde fazer compras até consultar um médico, de comprar um pão a encontrar um playground, estamos entrando em carros ou evitando essas viagens por completo, o que resulta no desaparecimento da praça.

O que Moreno propõe, e cidades de Paris a Seattle tentaram implementar, é a ideia de que, em um espaço urbano, muitas, se não todas, as necessidades dos moradores deveriam estar disponíveis para eles em um raio de 15 minutos de caminhada.

Como conseguir isso? Bem, em primeiro lugar, podem-se usar e reutilizar espaços que já existem, mas de uma maneira criativa. Os pátios das escolas permanecem abertos após o horário escolar a fim de fornecer espaços para a comunidade usar para outras atividades ou eventos. Assim, em vez de mandar os pais deixarem as dependências escolares às 15h, quando termina o dia letivo, pais e filhos podem permanecer lá ou até ser motivados a fazê-lo. Talvez o espaço se torne uma área de tai chi chuan para aulas patrocinadas pelo município. Talvez os idosos sejam convidados a caminhar pelo terreno a fim de se exercitarem. A intenção de Moreno é fazer uso do que já existe, para que os espaços possam possibilitar a realização de múltiplas tarefas. O que precisamos fazer também é incentivar essas praças a se parecerem mais com as antigas, com menos tráfego e menos ruído, mas com mais som – o som de pessoas conversando, brincando, vivendo.

Moreno, em uma palestra TED de 2020, afirmou que apenas três elementos são cruciais para nos colocar no caminho das cidades de 15 minutos. Elas precisam, sem dúvida, de infraestrutura de suporte, e é aí que os governos locais e seus orçamentos e conselhos de planejamento podem ajudar. Primeiro, Moreno defende que as cidades devem ser projetadas para humanos, não para carros. Em segundo lugar, cada metro quadrado na cidade precisa ser usado para várias coisas; não deve servir apenas para um único propósito. E terceiro, o bairro precisa ser organizado de tal forma que os moradores possam viver, trabalhar e prosperar sem precisar se deslocar. Isso não significa, é claro, que as pessoas não possam ou não devam viajar ou sair de seus espaços imediatos, caso desejem. Isso não se destina a criar um enclave, uma espécie de comunidade de culto, que constrói paredes para manter os residentes dentro e os forasteiros fora. Não estamos retornando à cidade murada medieval, mesmo que estejamos buscando inspiração na história.

Aristóteles sugeriu que a política era essencial para o desenvolvimento de bons cidadãos, porque acreditava que, através de nossa participação na pólis, desenvolveríamos nosso caráter de tal maneira que isso nos tornaria bons – bons no sentido de termos virtude cívica, um tipo específico de atitude bem-intencionada com relação a nossos concidadãos que, nas palavras de Michael Sandel, "não podemos desenvolver em casa".[31] Vou encerrar este capítulo sugerindo uma nuance importante: esse é exatamente o tipo de virtude cívica que queremos e precisamos desenvolver, mas que pode e deve ser desenvolvido "em casa" – onde "casa" não significa nem a casa privada, nem o mundo da política eleitoral, mas a esfera pública entre os dois que eu chamei aqui de praça e que, de muitas formas, é e deve ser "política".

As evidências já estão mostrando como isso funciona. Mesmo antes da pandemia, sociólogos e criminologistas se propuseram a estudar uma das cidades mais citadas no Reino Unido por suas altas taxas de criminalidade, Sheffield, anteriormente uma cidade muito barulhenta e que foi um centro da produção siderúrgica durante a Revolução Industrial. Eles queriam ver se havia alguma variação significativa entre os vários bairros e, caso houvesse, o que explicava os "superadores" – aqueles bairros que, apesar dos fatores usuais que tendiam a causar altas taxas de criminalidade, tinham um desempenho bastante bom. Um corte no orçamento em determinado momento, que significava menos investimento estatal em infraestrutura, incluindo a polícia, ofereceu uma boa oportunidade para esses pesquisadores observarem se algum dos grupos que viviam naquela cidade complexa era "resiliente".[32]

Não muito diferente de Kerala, a muitos quilômetros e culturas de distância, ou de San Francisco ou Chicago, os pesquisadores descobriram que havia de fato variações. Os fatores que foram apontados como mais relevantes para ajudar os grupos a terem uma noção de si mesmos e um desejo de progredir foram os espaços comunitários públicos, incluindo tanto os espaços verdes quanto os lugares comunitários fechados, mas, crucial para ambos, espaços onde havia menos destruição social e ambiental e uma sensação maior de segurança – segurança em todos os sentidos.[33] Portanto, a praça era crucial, pois era lá que as pessoas podiam se encontrar face a face, trocar ideias e ter uma noção umas das outras de maneiras que não eram importantes apenas para o lazer e para a saúde física e mental, mas também para a cidadania segura.

Vá em frente, passe algum tempo em uma praça repetidamente. Leve um amigo ou vizinho com você. Faça um amigo novo e veja o que você pode fazer. Se fizermos isso, aumentaremos nossas chances de nos afastar da hierarquia e da liderança ao entrar nesses espaços e apenas sermos nós mesmos, o que nos proporcionará uma cidadania encarnada – aquela que envolve de verdade nossos sistemas sensoriais e motores.[34] A lei pode nos conter, pode nos dizer o que nossos líderes consideram certo e errado, mas lembremos sua natureza adversarial, sua violência: como diz o estudioso do direito Austin Sarat, "a lei depende da violência e a utiliza como contragolpe à violência supostamente mais letal e destrutiva situada além dos limites dela. Porém, a violência da qual depende a lei sempre ameaça os valores nos quais ela se sustenta".[35] Não precisamos de mais violência, de nenhum tipo, em nossas democracias.

Este capítulo abordou os espaços cooperativos da cidadania, como chegar até eles, como fazê-los funcionar para nós e como perceber o potencial que têm quando nos encontramos lá, naturalmente. O próximo capítulo trata dos projetos que podem surgir de nosso tempo nesses espaços, de forma espontânea; e os projetos que também, em um movimento recíproco, nos trarão de volta a esses espaços repetidas vezes. Tudo isso para que todos, de fato, conheçam seu nome.

5

Cultive seus próprios tomates e compartilhe-os

Na zona semiárida do sudoeste da França, a cerca de uma hora de carro de Montpellier, a cidade que cresce mais rápido no país, conheci recentemente um casal de franceses de meia-idade, Frédéric e Dominique, que construiu o que consideram ser um projeto político. É um experimento em permacultura em uma vasta área desabitada de terreno muito seco. Incorporando algumas das tecnologias mais recentes e pouco intrusivas, mas também confiando em princípios antigos, o casal espera retornar ao que eles e muitos consideram ser a compreensão original grega da formação do ser humano: feito de terra.

A conversa com Frédéric me lembrou que, segundo a mitologia grega, o titã Prometeu criou a humanidade do barro, da própria terra. Ao roubar o fogo dos deuses e dá-lo aos humanos, ele os capacitou a cuidar de si mesmos e de seus semelhantes. O projeto de Frédéric e Dominique, que permanece espontâneo e vagamente definido, busca incentivar um sistema de estruturas autossustentáveis e amigáveis ao meio ambiente, que nutrem tanto a terra quanto uma comunidade de visitantes e educadores, promovendo a autossuficiência de um lado e uma codependência saudável do outro. Utilizando energia solar e hidroelétrica para cultivar alimentos e aquecer edifícios, esse espaço pretende se tornar experimentalmente autossuficiente ao ganhar independência tanto do Estado quanto do setor privado. Sua piscina não é fabricada e importada, com a grande pegada de carbono associada a esse tipo de produto, mas um buraco escavado no solo, onde algas que se formam naturalmente servem como sistema de filtragem. Nadando nela, senti a água verde-esmeralda me envolver, enquanto meu corpo começava a apreciar a água limpa e sem cloro. Olhando para o vasto céu, meus dois filhos e eu sentimos uma conexão com a terra que era, para ser franca, reconfortante.

A partir daí, desse compromisso e respeito pelo espaço e por sua falta de materialismo, contrastados pela presença de materialidade intensa, começamos a abrir nossas mentes para o tipo de solidariedade e autossuficiência que significa algo para as ordens espontâneas de que precisamos. Assim, comecei a imaginar um mundo em que nós mesmos abraçamos esses princípios de autossuficiência para lidar com os problemas interligados da escassez de alimentos e da degradação ambiental.

A lei ainda não nos diz como ser autossuficientes, sobretudo nessas áreas cruciais que são tão impactantes em nossa vida diária – a alimentação e a natureza ao nosso redor. O objetivo da lei não é realmente incentivar nossa independência, então como poderíamos esperar que ela nos incentivasse a cultivar nossos próprios alimentos e a compartilhá-los? Certamente, existe uma área cada vez mais relevante do direito que conhecemos como direito ambiental, à medida que povos ao redor do mundo começam a elaborar novas leis para proteger a terra e levar empresas e governos à justiça para responsabilizá-los por políticas e práticas que violam princípios. Esses são usos significativos da lei, que não vou fingir que são inúteis. Na verdade, esta pode ser uma área crucial em que as leis podem ser usadas pelos cidadãos, se estes puderem ser conscientizados a seu respeito. Quando, para dar um exemplo, a Marmoraria Godavari foi informada pela Suprema Corte do Nepal de que um ambiente limpo e saudável definitivamente fazia parte do direito à vida, garantido pela constituição do Nepal, a empresa teve que acatar, e logo foi promulgada uma Lei de Proteção Ambiental.[1]

Embora esse tenha sido um avanço importante, tanto em termos práticos quanto simbólicos, para a saúde individual e o meio ambiente, a Suprema Corte do Nepal tentou dosar sua crítica à Marmoraria Godavari ao afirmar que essa indústria era fundamental para a economia nepalesa. Muitas vezes, é nesses delicados atos de equilibrismo que os indivíduos e seus direitos, como o direito à alimentação e a uma vida limpa e sustentável, podem se perder. E se a lei e os tribunais se inclinarem demais a favor da indústria de grande porte em detrimento de nossa saúde e do meio ambiente, as perversões em nossa dependência da lei e dos tribunais para trabalhar por nós aparecerão em todos os seus detalhes.

Eis o que quero dizer. Alguns anos atrás, viajei ao norte da Itália para trabalhar com Alex Majoli, um fotógrafo de guerra da agência Magnum. Sob sua orientação, eu queria registrar uma etnografia visual da perversão da lei e, portanto, saí com minha máquina fotográfica bem cedo numa fria manhã de novembro italiana para tirar fotos – de vacas leiteiras. Essas vacas específicas estavam produzindo leite, como qualquer outro rebanho leiteiro, mas ele seria distribuído em máquinas de venda automáticas em cidades e vilarejos, acessíveis 24 horas por dia. Isso não era um 7-Eleven ou um supermercado que funciona a noite inteira, administrado por grandes corporações: era um sistema através do qual os fazendeiros da região entregam seu leite cru em tanques esterilizados, para que as pessoas possam levar as próprias garrafas e enchê-las. Então, caso você precisasse de leite no meio da noite, era possível encontrá-lo. E o mais interessante de tudo: era leite cru, não pasteurizado, um tabu em várias partes do mundo.

Fascinada por essa história, saí para tirar as fotos: das vacas, dos fazendeiros, das máquinas e das pessoas que as usavam. Acompanhei uma fazendeira até as máquinas de venda enquanto ela as reabastecia após uma longa manhã cuidando de bezerros. A simplicidade dessa forma de entrega de produtos, com uma cadeia de abastecimento extremamente curta, era muito interessante para mim, sobretudo porque as autoridades locais sancionavam esse tipo de autossuficiência.

Mais tarde no mesmo dia, ao retornar para o nosso seminário de fotografia, Alex e sua equipe da Cesuralab pareciam ter se divertido um pouco. Havíamos recebido várias garrafas de leite cru desses fazendeiros generosos e degustamos o produto com chá quente enquanto revisávamos nosso trabalho do dia. Mas por que, eles perguntaram, eu estava tão fascinada com aquilo? Porque, respondi, nos Estados Unidos, de onde venho, o leite cru é proibido por lei em muitos estados – é considerado um risco à saúde. Pode ser arriscado: se os fazendeiros não tomarem cuidado com a produção, não forem limpos e não testarem seus animais periodicamente, doenças transmitidas pelo leite, através da contaminação bacteriana, podem representar um problema de saúde pública. Muitos estados exigiam a pasteurização, tendo havido várias mudanças e sido abertas várias exceções desde o início de 1900. Portanto, hoje, em determinadas partes dos Estados Unidos, aquele delicioso leite cru que estávamos degustando com chá era mais difícil de comprar do que uma arma.

Os estados dos Estados Unidos que foram listados, em 2022, como tendo as leis de armas menos restritivas, mas onde a venda de leite cru é proibida por lei, incluem Alabama, Virgínia Ocidental, Wyoming, Georgia, Alaska, Dakota do Norte e Kentucky. É assim que a lei em áreas relacionadas à alimentação e ao meio ambiente pode ser perversa. E, quando se trata de ajudar as pessoas a cuidarem de sua saúde e da saúde da Terra, de serem autossuficientes nessas áreas fundamentais, a lei parece estar muito atrasada.[2]

O economista Scott Nearing criou sua própria abordagem, sua própria Walden,* no estado de Maine, onde praticava e pregava o

---

* Comunidade fictícia criada pelo autor transcendentalista Henry Thoreau, que rejeitava a civilização industrial e pregava a simplicidade. Cf. *Walden, ou a vida nos bosques* (1854). (N.T.)

estilo de vida rural, convidando outros a aprendê-lo também.[3] No Reino Unido, John Seymour fez um trabalho parecido, ensinando-nos a nutrir a terra e a nós mesmos; a assumir a responsabilidade pelo meio ambiente e por nossa própria comida; a retornar a valores que incluíam a simplicidade e uma ideia diferente de ter o suficiente. Em momento mais recente, talvez o mais destacado de todos para nós, Leah Penniman, que criou uma fazenda orgânica de 30 hectares em Nova York – a Soul Fire Farm – baseada no que ela chama de silvopastoreio, uma forma singular de permacultura que respeita o meio ambiente, produz bens que são doados aos "desertos alimentares" (áreas com acesso limitado à comida nutritiva a preços acessíveis) racialmente complexos nas cercanias de Albany, e que instrui e incentiva os agricultores negros a adotarem a soberania alimentar – um passo crucial, ela e outros acreditam, na luta pela justiça racial. De fato, Leah começa com uma estatística simples: 98% das terras nos Estados Unidos que podem cultivar alimentos são "de propriedade branca", diz ela.[4] Como isso pode ser justo em um país onde – em 2020 – os brancos representavam apenas 62% da população total?

A renaturalização é uma parente próxima da permacultura que vem ganhando força, sobretudo desde a pandemia, em bolsões rurais de muitos países – mas também dentro das cidades. Uma antiga fazenda em Sussex que tentou usar antibióticos e técnicas agrícolas semi-industriais para sustentar sua atividade tomou a decisão de devolver a terra ao seu estado "selvagem". Belamente descrito por sua proprietária, Isabella Tree, em seu relato autobiográfico, a terra, após sua restauração a um estado selvagem e livre de intervenção humana, viu o retorno de importantes espécies raras de plantas e animais que haviam vagado por lá no passado e estão, pode-se dizer, em harmonia mais próxima com outras espécies nativas, incluindo a gente.[5]

Entretanto, esses projetos, por mais que sejam romanticamente idílicos e importantes para o clima, também encontraram resistência e conflito – às vezes baseados em preocupações bastante profundas e reais. Existe resistência por parte de agricultores que acham que essa terra deveria ser usada para produzir alimentos para as comunidades locais em tempo real, e não para nossos ancestrais caçadores-coletores; e resistência daqueles que acreditam que deixar a terra boa em paz atende aos ricos, enquanto as pessoas desfavorecidas precisam de moradia e alimentos economicamente eficientes, não carnes raras e orgânicas comercializadas a preços elevados. De fato, o equilíbrio entre o que pode ser bom para o meio ambiente e o que é necessário, de imediato, para cuidar da população atual e abordar a escassez de alimentos é difícil de alcançar.

Talvez os mais esclarecidos entre os agricultores autossuficientes – pioneiros e gurus do retorno à natureza, aqueles que se consideram guardiões da terra passada-presente-futura – encontrem-se em uma interseção central, que pode ser usada como ponto de partida para encontrar o equilíbrio: eles estão unidos pelo desejo de usar os próprios recursos, e muitas vezes os recursos da comunidade local, para prover essa comunidade local; e, ao fazê-lo, proteger a terra e todas as suas criaturas – incluindo, mas não se limitando, a nós, os humanos. A autossuficiência para lidar com a escassez de alimentos e proteger o meio ambiente não acredita na agricultura industrial, uma atitude igual à do movimento de retorno à natureza na Grã-Bretanha, nos Estados Unidos e em outros países. Ambos resistem ao que consideram políticas desinformadas e voltadas para o curto prazo, as quais complicam ou demonizam seus esforços para respeitar a terra, sua capacidade natural e seus habitantes – humanos e não humanos. E ambos compreendem a ação individual e coletiva que leva os cidadãos a sério e espera que, em uma futura iteração de nosso mundo, eles sejam capacitados a pensar e agir para o bem coletivo, para não dependerem de cadeias de supermercados multinacionais e interesses corporativos globais. Ao fim e ao cabo, basicamente, eles se importam com o futuro de nossos filhos.

Esse tipo de autossuficiência não deve ser concebido como uma maneira isoladora, individualista e sobrevivencialista de viver, a qual exige que você ignore sua comunidade e seu estado e cuide apenas de si mesmo. Em vez disso, o que estou sugerindo é o tipo de autossuficiência que incorpora ideias dos primeiros teóricos do comércio internacional, entre os quais se destacam David Ricardo e John Stuart Mill. Eles conceberam uma ideia simples, porém poderosa: a vantagem comparativa – a ideia de que as nações devem negociar entre si para benefício mútuo, mas de maneira que lhes permita se concentrar nas áreas em que têm vantagens naturais e aceitar negociar com nações que as têm em outras áreas. Isso deveria ser a base de nossa autossuficiência. Não é o astronauta Mark Watney[*] cultivando batatas para sua própria sobrevivência em Marte, embora até Mark tenha trabalhado a seu favor e cultivado a única coisa que podia cultivar. Essa ideia diz respeito a nos conectarmos, deliberadamente, com os outros e negociarmos com eles de maneira horizontal, buscando não o lucro em nossas trocas, mas o cuidado mútuo e a alimentação, permitindo a redistribuição natural que pode ocorrer quando cultivamos nossa própria comida e temos excedentes que podem beneficiar outras pessoas.

Pense na *Ilha dos birutas*, a comédia televisiva estadunidense que começa com uma premissa simples: sete indivíduos de origens muito diferentes são isolados em uma ilha deserta, indivíduos que precisam aprender não apenas a se dar bem uns com os outros, mas também como desenvolver e fazer uso dessa ideia de vantagem comparativa para sobreviver. Quando estudei economia na universidade, a *Ilha dos birutas* era, às vezes, evocada para explicar vários conceitos. Imagine um grupo diversificado de estereótipos exagerados que não necessariamente gostam uns dos outros ou têm algo em comum além de seu destino – um milionário arrogante e sua esposa afetada, um professor *nerd* nervoso, uma estrela de cinema glamorosa, uma campesina prática e, é claro,

---

[*] Personagem do filme *Perdido em Marte*. (N.T.)

o Skipper e o adorável Gilligan – cada um com um nível diferente de habilidade e inteligência, cada um com uma personalidade distinta e muitas vezes desafiadora, mas, como grupo, engenhosos o bastante para se manterem vivos e até mesmo um pouco felizes naquela ilhota no meio do Oceano Pacífico.

É uma alegoria para a forma como precisamos entender a vida. Na maior parte do tempo, e cada vez mais hoje em dia, vivemos em comunidades que são, pelo menos, tão diversas em termos de personalidade, inteligência e conjunto de habilidades, quanto em raça, religião, etnia e assim por diante. Isso é uma verdade óbvia. No entanto, os desafios de ultrapassar essas barreiras são reais, e as soluções muito menos claras, como exploro no próximo capítulo sobre "comida étnica". E ainda assim eles são cada vez mais importantes para o tipo de cooperação que ultrapassa divisões e visa à construção de uma comunidade forte não apesar de diferenças significativas, mas tirando vantagem delas. Esse é o tipo de comunidade que, segundo pesquisas, provavelmente será robusta e resiliente.[6] Gilligan e sua eclética tripulação foram motivados pela necessidade, não tinham mais ninguém em quem se apoiar, nenhum estado, nenhum governo, nenhuma empresa.

Afortunadamente, não estamos em uma posição tão precária, mas permitimos que o Estado, o governo e as empresas existentes atrapalhem nossos esforços para criar e sustentar a vida juntos de uma maneira mais horizontal. Em 2021, jornalistas investigativos do jornal *The Guardian* e da Food & Water Watch publicaram um relatório bastante crítico, afirmando que nossas chamadas "escolhas alimentares" eram essencialmente uma ilusão. Eles documentaram por que e como "algumas poderosas empresas transnacionais dominam cada elo da cadeia de abastecimento de alimentos: desde sementes e fertilizantes a matadouros e supermercados, e até cereais e cervejas". Além disso, como se não bastasse, "pelo menos metade dos dez empregos mais mal remunerados está na indústria de alimentos. Fazendas e fábricas de processamento de carne estão entre os locais de trabalho mais perigosos e exploradores" nos Estados Unidos, o país objeto do estudo deles.[7]

A lei existe para ajudar a regular esses setores, mas os legisladores nem sempre focam nossos melhores interesses quando lidam com essas indústrias. Lembremos como, durante o auge da pandemia, o então presidente dos Estados Unidos, Donald Trump, "assinou uma ordem executiva [...] compelindo os processadores de carne a continuarem funcionando para evitar escassez nas cadeias de abastecimento de alimentos da nação, apesar de relatos crescentes de mortes de trabalhadores devido à covid-19". Ele o fez usando a lei, invocando a Lei de Produção de Defesa de forma a classificar as indústrias de carne como "infraestrutura essencial".[8] Esse recurso foi visto por muitos como uma colaboração entre as grandes empresas de processamento de carne e o governo, que faziam uso da lei para proteger os negócios enquanto colocavam em risco a saúde e a segurança dos trabalhadores e da população em geral.[9] Em muitos países, as leis referentes à comida ainda precisam se libertar de seus vínculos com poderosos *lobbies* industriais, os quais tendem a se concentrar no apoio à produção em massa e em sua regulamentação. O que precisamos, em vez disso, é de segurança alimentar por meio do empoderamento de indivíduos e de comunidades, e da proteção da própria terra.

Em todo o mundo, projetos que nos afastam da dependência das indústrias de alimentos e de seus fornecedores corporativos, assim como as leis que os regulamentam e protegem, estão retornando à ideia de trabalhar de maneira horizontal, local e direta com a terra. Frustrados com a falta de acesso a espaços verdes, com a desigualdade alimentar e o aumento dos preços dos alimentos, com a ociosidade de terras privadas e públicas, que estão se deteriorando diante da indecisão governamental ou do controle corporativo protegido pela lei, indivíduos iniciaram uma série de projetos sem esperar uma ação governamental. Muitos oferecem uma espécie de jardinagem comunitária para o benefício dos moradores, a qual resgata ideias antigas da agricultura familiar, mas de novo compartilha e coopera em vez de isolar.

Um exemplo dessa ideia em desenvolvimento é a Horta Comunitária de Cutteslowe, em Oxfordshire. Esse subúrbio historicamente fascinante é mencionado no livro *Domesday*,* de 1086, registrado com várias grafias medievais, todas impronunciáveis para alguém de fora.[10] Antes um monte funerário pré-histórico e, mais tarde, o local onde (na década de 1930) foram construídos muros de três metros de altura com garras para separar os inquilinos menos abastados que moravam em conjuntos habitacionais dos proprietários de terras privadas mais abastados, Cutteslowe agora é um local de projetos comunitários singulares que proliferaram durante a pandemia, embora estejam encontrando dificuldades para sobreviver. O Edible Cutteslowe se define como um grupo informal que "trata do cultivo sustentável e local de vegetais e frutas. No processo, esperamos construir uma comunidade e nos divertir. É simples. Você cultiva alguns vegetais ou frutas e convida outras pessoas para os levarem para casa". Trabalhando com a escola de ensino fundamental local, o centro comunitário e um banco de alimentos temporário para aqueles que estão sem comida e suprimentos básicos, a Despensa Comunitária de Cutteslowe é um projeto que visa estabelecer uma rede de apoio em toda a comunidade. E começou de maneira simples.

Em 2020, um grupo de moradores decidiu se reunir para renaturalizar parte da terra comunitária, na área de North Oxford, e transformá-la, com o passar do tempo, em um trabalho de alimentícios em andamento. Buscando os vizinhos por meio das redes sociais, incluindo o Nextdoor, que foi a maneira pela qual tomei conhecimento dele, o grupo convida moradores locais a aparecerem regularmente nessa praça para ajudar a limpar a terra, plantar e cuidar das árvores

---

* Levantamento, parecido com o censo, de todas as terras da Inglaterra, ordenado pelo Rei Guilherme, o Conquistador. (N.T.)

frutíferas, que podem ser acessadas por qualquer pessoa da comunidade que queira ou necessite uma mordida de fruta, de uma conversa com um vizinho ou de ambas.

Claro, você pode dizer, isso é um belo bolsão de classe média com o luxo de um espaço verde e tempo disponíveis, em uma das partes mais ricas e verdes do Reino Unido. Verdade, em parte. No entanto, muitos dos participantes são pais que trabalham e não têm muito tempo livre. Contudo, trata-se de uma pequena comunidade nos arredores de uma cidade rica. E se fizermos o mesmo em um lugar muito maior e mais complexo, uma grande cidade, uma metrópole? E se estendêssemos a ideia para todo esse grande espaço também? Quando o Museu Guggenheim de Nova York abriu sua principal exposição de 2020, "Countryside: The Future" ("O campo: o futuro", em tradução livre), em meio à pandemia, ele tomou a decisão de cultivar tomates cereja de maneira sustentável na Quinta Avenida, um sinal simbólico de vida e crescimento em um momento marcado pela morte e pela estagnação. Como observou o *New York Times*, "os tomates, alojados na calçada em algo que se parece com um recipiente para transporte de material radioativo, ficaram abertos à visitação como parte da exposição, por apenas três semanas, antes de a cidade fechar. No entanto, eles continuam crescendo, suas videiras são cortadas toda terça-feira e doadas para o City Harvest, pelo menos cerca de 50kg de cada vez".

Essa demonstração artística continuou alimentando os nova-iorquinos menos afortunados e, assim, criou uma série de redes, importantes encadeamentos cooperativos, para trás e para frente, que persistem além das paredes mutantes do museu. O passo seguinte seria reproduzir essa ideia: mais dessas experiências com tomates e mais exemplos como esse em outras áreas da agricultura, dos produtos têxteis ou até mesmo da tecnologia da informação. Crianças das escolas da cidade podem se envolver desde cedo no projeto, criando, espontaneamente, uma rede de cooperação local que se replica e semeia sementes para sua regeneração na cidade. Evidentemente, é possível que aqueles que se reúnem para cultivar e compartilhar tomates tenham, pelo menos, alguns valores semelhantes, ideias semelhantes sobre como é e deveria ser o mundo, noções afins sobre o que seria uma vida boa. Em pouco tempo, essas pessoas, cruzando outras linhas que poderiam tê-las dividido, também se juntam e encontram unidade em um conjunto de metas comuns, mesmo que nem todos os valores delas sejam os mesmos. A comunidade permanece tanto diversificada quanto unida e, por isso, prospera. Hoje podem ser tomates; amanhã, outra coisa qualquer.

Esses lugares se tornam micromundos que podemos criar para nós mesmos, usando a vantagem comparativa dentro de nossas comunidades para começar a prover uns aos outros e a nós mesmos. Talvez não tenha sido acidental que o complexo Villeneuve que mencionei anteriormente, no qual vizinhos se uniram para salvar meninos de um incêndio mortal, tivesse uma história anterior a essa ocorrência, pois foi um experimento importante do urbanismo popular, uma espécie de ideia de oficina urbana que surgiu do movimento de maio de 1968 na França. Nesse ambiente, ativistas, educadores, arquitetos e artistas, de diversas raças e origens, defenderam seus direitos – sobretudo em relação à moradia e à educação. Os ativistas, incluindo o professor André Béranger, sua esposa e vizinhos, formaram associações de cidadãos, produziram os próprios jornais e criaram mesas redondas de moradores para as quais os governos locais eram convidados e fortemente incentivados a comparecer e participar, para que as políticas locais pudessem ser feitas em conjunto com os cidadãos, não apenas para eles. Na verdade, o lema deles tornou-se: "Aquilo que é feito pelos habitantes, se é feito sem eles, muitas vezes é feito contra eles".

Há também evidências de que esse tipo de autossuficiência e organização não organizada pode tecer uma rede de apoio significativa e solidária mesmo nas cidades menos afortunadas do planeta. Na década de 1970, dois arquitetos notáveis, o holandês Rem Koolhaas e o nigeriano Kunlé Adeyemi, saíram para ver o que acontece com uma sociedade quando o Estado está ausente, especificamente em Lagos. Eles viram que o Estado de fato havia se retirado de Lagos; a cidade havia sido deixada à própria sorte, tanto em termos de dinheiro quanto de serviços. Entretanto, para a grande surpresa deles, o vácuo deixado pelo Estado falido havia sido preenchido por "uma incrível proliferação de agenciamento independente: cada cidadão precisava tomar, em um dia, talvez 400 ou 500 decisões independentes sobre como sobreviver nesse sistema extremamente complexo [...] era a cidade disfuncional em sua expressão máxima – mas, na verdade, em termos de todas as iniciativas e engenhosidades, ela havia mobilizado uma paisagem de incrível beleza, quase utópica, quanto a agenciamento e independência".

Não é coincidência que a exposição de cultivo de tomates do Guggenheim tenha sido curada, principalmente, por Koolhaas e que tenha mirado mais além do que as calçadas de Manhattan: ele examinou não apenas Lagos, mas também outros esforços para encontrar modelos alternativos para sociedades organizadas de cima para baixo, guiadas por leis superiores. A exposição, que abriu antes da covid-19, foi, de início, recebida com perplexidade pelos críticos urbanos; no entanto, desde a abertura ao público em geral, tem sido cada vez mais vista como relevante e premonitória.

A autossuficiência raramente é estudada pelos estudiosos constitucionais ou jurídicos. Se pensarmos no que a constituição faz, vemos que ela estabelece uma estrutura para um Estado e uma dependência vertical entre nós e aqueles que tomam providências para nós. Essa dependência, porém, também pode ser o tipo de gaiola de ferro sobre a qual o sociólogo Max Weber pensou muito a respeito, mas que igualmente o preocupou. A lei e a burocracia que a sustenta são racionais e controladoras – e é por isso, em parte, que nosso clima está perdendo a batalha, por isso que não nos protegemos cedo o suficiente da covid-19 e assim por diante. Portanto, contar tudo isso neste capítulo é minha maneira de sugerir onde e como podemos sair da gaiola de ferro, não para um mundo irracional e ineficiente, mas para um lugar mais humano.

É curioso que, historicamente, ao longo do tempo e do espaço, vários exemplos de autossuficiência surgiram de povos os quais sentiam que seus direitos estavam sendo violados por práticas injustas, seja por leis e políticas governamentais deliberadas, pelos efeitos desiguais do sistema capitalista ou por ambos. A cooperativa Freedom Farm, fundada pela ativista Fannie Lou Hamer no final da década de 1960 em Mississippi, foi uma tentativa de ajudar os afro-estadunidenses a conquistar mais liberdade política, começando pela eliminação da dependência econômica. Seu projeto e outros que se seguiram passaram por ondas de sucesso e fracasso, mas sobrevivem até hoje porque as pessoas reconhecem a ligação inevitável entre segurança alimentar, autossuficiência e direitos civis e políticos. É dessa forma que a abordagem à segurança alimentar está relacionada com outros aspectos da cidadania, porque os encadeamentos, para trás e para frente, de ser autossuficiente tanto requerem o envolvimento horizontal da comunidade quanto fornecem uma base para o exercício responsável dos direitos.

Lembremos o boicote aos ônibus de Montgomery, que começou no Alabama em 1955, quando cidadãos afro-estadunidenses mobilizaram recursos, incluindo seus carros, e se organizaram para garantir que houvesse transporte sem os ônibus. Uma economia paralela, bastante eficiente, evoluiu, o que permitiu pressionar as empresas de ônibus e abrir caminho para mudanças fundamentais nos direitos civis. A autossuficiência, na forma de transporte auto-organizado, forneceu uma alternativa viável às empresas de ônibus segregacionistas, mas fez mais que transportar as pessoas para o trabalho: ajudou a impulsionar uma revolução nos direitos. Agora, a mesma coisa acontece com a terra e os alimentos, que são, nas palavras de Leah Penniman, "altamente relevantes" para proteger nossos direitos, para nos libertarmos.[11]

O Granby Four Streets é um microbairro próximo do Parque do Príncipe em Liverpool, Reino Unido, um parque urbano histórico projetado e construído em meados do século XIX.[12] As quatro ruas – Beaconsfield Street, Cairns Street, Jermyn Street e Ducie Street – são compostas, sobretudo, por fileiras de casas vitorianas que se tornaram moradia de imigrantes vindos dos antigos territórios do Império Britânico após a Segunda Guerra Mundial. Essa área, conhecida como Granby Four, uma referência às quatro ruas que a delimitam, gradualmente viu uma rica mistura de etnias se estabelecer e um florescimento de atividades econômicas, da mesma forma que em outros bolsões de grandes cidades europeias cheias de imigrantes interessantes e produtivos vindos das antigas colônias de suas respectivas metrópoles. No entanto, o declínio econômico na década de 1970 trouxe tempos difíceis para todo o Reino Unido, sobretudo para aquelas ruas, onde o desemprego disparou e a privação fomentou tensões étnicas e, posteriormente, conflitos com a polícia e a aplicação da lei. Várias das icônicas propriedades vitorianas foram abandonadas ou seus moradores despejados, e assim começou um declínio à medida que os edifícios arruinados contribuíam para uma decadência gradual, porém generalizada, desse microbairro outrora próspero e experimental.

As casas foram, aos poucos, designadas pela assembleia municipal e pelo governo como locais para demolição e desenvolvimento, os "Ds" gêmeos que, muitas vezes, despontam quando a comunidade sai e as imobiliárias entram. Anos de planejamento e reuniões, bem como de esforços erráticos do governo local, geraram mais anos de resistência dos moradores, que se sentiam impotentes entre os "objetivos" do governo e a realidade de casas vazias e destroçadas. Então algo incrível aconteceu: membros da comunidade começaram a agir por conta própria. Moradores das ruas iniciaram sua própria versão de um projeto de renaturalização urbana, pintando ou consertando algumas das casas decadentes, transformando os espaços, de algo desqualificado e não utilizado, em algo que a comunidade finalmente poderia usar. Talvez devido à combinação de sua própria paralisia em relação ao movimento com a ação dos ativistas locais, a municipalidade acabou por concordar em transferir a propriedade dessas casas para os moradores, os quais formaram uma associação. Com a ajuda de várias organizações, incluindo a empresa de arquitetura Assemble, esses moradores transformaram as outrora abandonadas fileiras de casas vitorianas do Granby Four em um premiado jardim de inverno, onde membros da comunidade se reúnem: uma autêntica praça, completa com um jardineiro residente. Em 2014, a Assemble ganhou o prestigiado Prêmio Turner do Reino Unido pelo trabalho em ajudar a construir essa verdadeira obra de arte viva – uma obra que foi, na verdade, resultado da ação de moradores autossuficientes que simplesmente se cansaram de esperar que o governo e a assembleia municipal os ajudassem a salvar seu bairro em ruínas.

"Um grupo de moradores engenhosos e criativos começou a revitalizar o bairro limpando, plantando, pintando e pressionando os políticos. Em 2011, eles entraram em uma forma inovadora de propriedade comunitária de um imóvel, o Community Land Trust, para tomar posse de dez casas vazias e reformá-las como moradias acessíveis."[13] É assim que o coletivo de arquitetura, design e arte, Assemble, descreveu a visão e o trabalho compartilhados desses moradores. Em 2011, a Assemble ajudou a modelar uma visão sustentável para toda a área, aproveitando o trabalho já feito pelos próprios moradores, compartilhando não apenas alimentos, mas também abrigo e envolvendo a comunidade mais ampla. Uma nova autossuficiência. Isso porque a renaturalização é relativa – e não significa apenas trazer algo de volta ao seu estado não cultivado. Significa isso também, mas pode, ainda, significar uma restauração de um lugar que respeita o ambiente construído, a história e a memória cultural de um espaço – se essa memória cultural foi de fato favorável ao homem e aos animais em toda a sua diversidade.

Você mesmo pode imaginar os encadeamentos para frente que possivelmente surgirão aqui, a partir desse tipo de autossuficiência, para a segurança alimentar e da terra. É verdade que Scott Nearing e outros defensores da autossuficiência afirmaram que seu estilo de vida levava a uma saúde melhor e a uma necessidade menor de médicos. Essa declaração foi pessoal e anedótica. No entanto, mais recentemente, os pesquisadores acumularam evidências que mostram benefícios substanciais. Por exemplo, uma obra fascinante intitulada simplesmente *Rewilding*, publicada pela Cambridge University Press em 2019, agrega evidências de vários campos, observando que "os benefícios proporcionados pela natureza, nas cidades, incluem serviços ambientais ou ecossistêmicos, como mitigação do calor, redução da poluição, água potável e proteção contra tempestades".[14] Porém, de modo mais específico, esse trabalho detalha as evidências em termos de "benefícios cognitivos e psicológicos de ter acesso à natureza", os quais "incluem redução do estresse e aumento da capacidade de atenção", bem como benefícios para a saúde física que "incluem melhoria da função imunológica, aumento da atividade física, redução da morbidade cardiovascular e melhoria dos resultados da gravidez".

De certa forma, nós sabíamos disso, ou pelo menos sentíamos isso. O que esses pesquisadores fizeram foi mostrar ligações diretas entre os projetos de administração de terra, jardins comunitários e projetos de renaturalização em espaços urbanos e uma melhoria na saúde mental e física. Então, sim, Nearing estava certo, e talvez nunca descubramos a exata e precisa causalidade (se é o aumento do contato com a natureza ou com outras pessoas ou a sensação de realização, propósito ou espiritualidade que traz melhorias à saúde), porque esses são ciclos de *feedback* que constantemente sustentam todos os elementos. No entanto, o que sabemos é que esses projetos certamente resultam em saúde melhor tanto para os habitantes ativos quanto para os passivos do espaço. Há evidências abundantes de que aquelas pessoas presas nos desertos alimentares de um país sem o tipo de ativismo comunitário que ajude a fornecer e compartilhar produtos frescos apresentam um aumento no consumo de alimentos processados e, por sua vez, estão sujeitas a um risco maior de diabetes, doenças cardiovasculares e obesidade.[15]

Os potenciais encadeamentos aqui, entre segurança alimentar, meio ambiente e saúde, não poderiam ser mais evidentes do que agora. Recentemente, no Reino Unido, mas também em outros países ao redor do mundo na esteira da pandemia, os governos sugeriram que as pessoas cuidassem melhor de si mesmas e gerenciassem a própria saúde, sobretudo em questões menores, uma vez que as filas de doentes pós-pandemia nos hospitais e clínicas, bem como as greves de ambulâncias, médicos e enfermeiros juniores, haviam sobrecarregado tanto nosso sistema de saúde que ele estava a ponto de ser incapaz de tratar, e muito menos de prevenir, doenças graves. As farmácias receberam maiores responsabilidades e incentivos financeiros para ajudar a responder a perguntas e a aconselhar, a fim de aliviar as pressões financeiras sobre os sistemas de saúde arruinados. Embora alguns farmacêuticos tenham alertado que isso impõe um estresse indevido sobre as equipes para dar conselhos em áreas que consideram complexas ou além do conhecimento de um farmacêutico, a parceria descentralizada que os governos estão incentivando as pessoas a fazerem, no que se refere ao gerenciamento de sua própria saúde em caso de problemas menores, é consistente com o tipo de cidadania proposto neste livro. Não existe momento melhor para imaginar uma comunidade do que quando os próprios governos estão pedindo por isso.[16]

No inverno passado, enquanto o solo de argila jurássica em nosso pequeno jardim triunfava mais uma vez sobre as poucas e combativas lâminas de grama que eu esperava que brotassem, persuadida pelos projetos de Tree e Cutteslowe e de outros, declarei a meus filhos que iria renaturalizar o jardim. Seis meses, metade de uma pandemia e duas secas sem precedentes mais tarde, meus filhos apontaram que minha declaração basicamente significa largar o jardim à própria sorte. De fato, as poucas gramíneas nativas "ancestrais", que eu havia comprado on-line após pesquisas meticulosas, não vingaram. As amoras e groselhas do antigo dono de nossa casa brotaram valentes, enquanto minhas próprias tentativas murchavam ou, na melhor das hipóteses, cresciam modestas e pequenas, de forma quase aterrorizada. As gramíneas selvagens, que teriam sido nativas dessa parte de Oxfordshire, perto do prado, no longínquo passado, demorarão para crescer e prosperar; exigirão paciência. Contudo, precisamos seguir em frente e tentar. Portanto, cultive seus próprios tomates, passe tempo naquele jardim comunitário, cultive o máximo de sua própria comida que conseguir de maneira razoável, de maneira responsável, com espécies nativas de sua terra e seguindo princípios que respeitem o meio ambiente. E o principal: compartilhe sua abundância, não importa quanto, com os outros.

6

Consuma "comida étnica" regularmente

No início de minha carreira docente no Departamento de Governo da Universidade Harvard, apresentei um seminário para estudantes de pós-graduação juntamente com o falecido Samuel P. Huntington, conceituado cientista político mais conhecido por sua tese do choque de civilizações: a ideia de que as guerras futuras seriam travadas entre culturas, não entre países. Enquanto estávamos sentados numa tarde úmida no mal ventilado prédio de Relações Internacionais, Sam apresentou parte de sua futura obra. Talvez fosse sua ideia mais controversa: ele sugeria que tanto a cultura quanto os valores estadunidenses estavam em declínio e que isso estava diretamente relacionado à imigração latina sem precedentes. Essa, é claro, é uma versão condensada de um argumento mais matizado, mas naquela tarde, através das janelas parcialmente abertas daquela sala de seminários, a música salsa no rádio de um carro soava alto, abafando sua voz já fraca enquanto ele explicava sua tese. Por razões claras para mim apenas agora, naquele momento tive um desejo repentino de degustar a deliciosa comida mexicana que minha família e eu costumávamos comer quando eu era criança, servida através de buracos nas paredes nos arredores de Chicago. E comecei a me perguntar se todos nós não estávamos deixando passar a oportunidade de consumir a chamada comida "étnica" de modo a ir além da tolerância e abraçar nossa diversidade. E isso quer dizer: para o nosso próprio bem.

Raça, etnia, religião, imigração, gênero – diversidade em todas as suas permutações –são algumas das linhas aparentemente mais marcantes que nos dividem ou que imaginamos nos dividir, em uma competição por recursos escassos. Conviver bem com a diversidade diz respeito a um direito específico – a igualdade – e ao que o teórico político Michael Walzer chamou de "regimes de tolerância", ou os arranjos políticos para lidar com toda essa diversidade e diferença, os quais tentam colocar em prática a ideia de que somos todos iguais. Esse é e sempre foi um aspecto muito importante, muito contestado e problemático da vida social em todo o mundo. Ele sempre esteve conosco e sempre foi gerenciado através da lei. Certamente, muitos concordariam que a lei estabeleceu barreiras relevantes contra o tratamento desigual, possibilitando o casamento de casais não heterossexuais, revertendo a segregação, conferindo às mulheres o direito de voto, descriminalizando a homossexualidade... e a lista continua. Mas é quase inegável que, se a lei alguma vez nos ajudou a nos unir e a aproveitar nossa diversidade, foi apenas depois que movimentos sociais pressionaram energicamente por mudanças para desfazer leis anteriores que gerenciavam mal as diferenças. Lembremos, nesse contexto, o Black Lives Matter, o Movimento Antiapartheid, o #MeToo e também as manifestações de segunda-feira em Leipzig, a Marcha sobre Washington, o movimento pelo sufrágio feminino, o Occupy Wall Street, a Marcha do Sal e assim por diante. Em muitos desses casos, os direitos de ser tolerado e tratado com igualdade foram literalmente extraídos do Estado pelo povo e, em muitos desses casos, leis problemáticas foram alteradas de modo a incorporar esses direitos à igualdade, que foram arduamente conquistados.

Mesmo assim, precisamos nos perguntar: a existência das leis novas – como aquelas que proíbem a discriminação – ajudou significativamente, ou o racismo, a homofobia e a misoginia encontraram outras maneiras de penetrar em nossas vidas, em nossos sistemas? Vejamos, por exemplo, as pesquisas e os argumentos convincentes apresentados pela advogada de direitos civis Michelle Alexander, que afirma que o encarceramento em massa, como ela o define, basicamente é a uma forma de controle social com base na raça que guarda uma semelhança impressionante com as leis Jim Crow – as leis que regulavam a segregação racial no século passado.[1]

A lei nos fortaleceu em toda nossa diversidade, ou ela simplesmente removeu algumas barreiras – e apenas nos melhores casos? Apesar da profusão de leis, esses temas (imigração, raça, gênero) são com frequência citados, em pesquisas de opinião pública, entre as principais preocupações de nossas nações. Em 2022, por exemplo, no que tange apenas às redes sociais, "Pesquisas da Ipsos mostram que mais de quatro em cada cinco (84%) dos adultos no Reino Unido estão preocupados com a exposição a conteúdos prejudiciais – como racismo, misoginia, homofobia e a conteúdos que incentivam a autolesão."[2] Em toda a Europa e a Ásia, pelas Américas e pela África, todos estamos interessados em quem é incluído na ideia de "nós". Temos a preocupação de evitar que mensagens desagregadoras e prejudiciais cheguem aos nossos filhos. Contudo, acredito que a introdução de mais leis não é o ponto de partida. O primeiro passo é admitir que toda a nossa comida é "étnica", ou nenhuma é.

As culinárias deliciosas encontradas em cada uma de nossas democracias são uma janela importante para as diferenças culturais, para as próprias diferenças que são a nossa realidade. Claro, podemos tentar ignorar ou negar a complexidade das comunidades e permanecer dentro de casa sem nunca nos aventurarmos. Podemos nos fechar para os outros. Seria fácil fazer isso, porque as regras que seguimos – as leis – já o fizeram; elas encobriram diferenças marcantes em nossas comunidades para esculpir uma ordem única. Basta pensar nos bordões que ouvimos o tempo inteiro: "uma nação sob Deus", "valores britânicos", "*laïcité* francesa" e assim por diante. Se continuarmos a depender da lei para nos auxiliar nessa questão, para ajudar a entender e abraçar as diferenças, é provável que a resposta seja a seguinte: a divisão de nossas sociedades no que algumas elites consideravam grupos viáveis, separados entre Estados, como na Índia e no Paquistão, ou dentro deles, como na Bélgica. Ou a fantasia de uma cidadania homogênea, como a da França ou do Reino Unido.

O desafio é que muitos dos chamados Estados-nação, não apenas os Estados Unidos, mas no mundo inteiro, não foram construídos simplesmente por acordos legais artificiais, mas sim, a princípio, pela força, de maneira que as leis se encaixassem de um jeito mais uniforme. Culturas e línguas locais que haviam existido por séculos foram empurradas para dentro de casa, longe da vida pública, para que os construtores do Estado pudessem forjar Estados que tivessem uma língua oficial única e uma expressão cultural única – a "alta cultura", como era chamada; uma cultura superior que também influenciou e nasceu de uma lei superior. A construção do Estado, como sabemos pela história, foi e continua sendo um processo sangrento e contestado de homogeneização, desde a França moderna até a Indonésia atual. Em tais regimes, realmente não poderíamos saborear aqueles tacos excelentes, porque nem saberíamos de sua existência. Poderíamos ter devorado os burritos de feijão do Taco Bell, mas só nos permitiríamos fazê-lo, nesse caso específico, porque eram uma fantasia segura, uma maneira covarde de satisfazer nossa curiosidade e nosso interesse em nosso vizinho proibido.

Ernest Gellner foi um dos primeiros teóricos políticos a pensar sobre essa questão e nos alertar para os problemas de diversas nações que vivem sob um Estado artificialmente esculpido. Uma língua, um sistema escolar e – como Gellner colocou – uma alta cultura;[3] essas eram e são construções artificiais. De fato, muitos dos problemas que vimos em quase todas as democracias modernas, dos Estados Unidos e do Canadá à Espanha, mas também em toda a África e no Oriente Médio, envolvem tensões entre subgrupos: entre povos no plural, povos de diferentes religiões, culturas e raças, encaixados em uma única lata de sardinha, selada por uma única constituição.

O Iraque constitui um exemplo revelador de Estado-nação forçado. As leis impostas durante o mandato britânico nada pareciam fazer além de alimentar raiva e ressentimento entre grupos que desde então têm desmembrado o país. Quando me sentei com curdos e iraquianos em uma mesa redonda em Bagdá em 2009, na tentativa de ajudá-los a projetar regras de partilha de receitas com as quais pudessem concordar, o legado da animosidade entre eles era profundo. Os curdos insistiam que mereciam uma parcela de petróleo e gás maior que o restante do país. Não apenas porque os insumos estavam localizados em suas terras. Não apenas porque extraí-los destruía a terra deles e, um dia, os deixaria com um solo infértil. Mas porque encaravam a divisão a seu favor como uma reparação, uma compensação pela repressão que haviam sofrido de outros, inclusive dos britânicos, tendo sido forçados a viver juntos sob um conjunto único de leis apesar de suas claras e marcadas diferenças culturais, entre outras.

A ordem criada pelos construtores do Estado e solidificada por meio de uma constituição parece estável. Ela é estável no papel e em sua aderência à letra da arquitetura constitucional do Estado. No entanto, qualquer pessoa com um membro da família que tenha sido vítima de atentados separatistas em Belfast, Madrid ou Basra lhe dirá: essa pode ser, em linhas gerais, uma ordem estável, mas não é boa. Leis que exigem que as pessoas se relacionem bem, ou até mesmo vivam separadas, não podem fazer com que nos relacionemos bem se não aceitarmos a ideia de nos relacionarmos bem, e muito menos se não a abraçarmos.

Numa tarde de 1996, fui até a banca de jornal perto do meu pequeno apartamento alugado em Paris para comprar um exemplar do *Le Monde*, um jornal diário tradicionalmente publicado por volta do meio-dia. A primeira página naquele dia anunciava a morte do pai da minha amiga Carmen. O professor de direito Francisco Tomás y Valiente, que ocupava uma posição no Tribunal Constitucional da Espanha, havia sido assassinado pela organização separatista basca armada ETA. Baleado duas vezes na cabeça durante seu expediente na universidade onde lecionava há décadas, o professor Tomás y Valiente tinha sido um crítico contundente das negociações do Estado espanhol com terroristas. Por ironia, Tomás y Valiente também era um intelectual público que alertava, pelos meios de comunicação, que a lei não significa nada sem boa vontade – e que a boa vontade, uma necessidade para fazer a democracia funcionar, não existia na Espanha. Firme defensor da coletividade, ele alertava que as regiões autônomas precisavam progredir de modo gradual em direção à autonomia, respeitando o fato de que o restante da Espanha talvez não estivesse pronto para concordar com o novo arranjo; e que, ao mesmo tempo, o restante da Espanha precisava entender por que a autonomia em áreas significativas era tão profundamente fundamental para aquelas regiões. Em resumo, ele clamava pela compreensão mútua, uma boa vontade de ambos os lados. E, apesar da constituição notável daquele país, um documento imitado e muitas vezes considerado modelo a ser importado por democracias multirraciais ao redor do mundo, um documento destinado a apaziguar diferenças e manter diferentes nações juntas sob o mesmo teto, Tomás y Valiente sentia que essa boa vontade simplesmente não existia.

As leis de partição, projetadas para ajudar a restabelecer a ordem em lugares onde conflitos étnicos violentos eclodiram, não funcionam melhor. Por décadas, praticantes e teóricos da partição acreditaram que separar grupos em enclaves demográficos – particioná-los – seria a resposta para obter uma lei e uma ordem estáveis. Mas será que isso está correto? Nicholas Sambanis, diretor do Laboratório de Identidade e Conflito da Universidade da Pensilvânia, passou boa parte de sua carreira em busca da resposta, usando métodos de pesquisa de ponta e trabalhando com equipes de estudiosos em diversos países. Ele concluiu que, em média, "a partição não reduz significativamente a probabilidade de novos episódios de violência".[4] Em vez disso, ele conclui que é mais importante estabelecer o que ele chama de sistemas de governo confiáveis e equitativos. Infelizmente, a credibilidade e a igualdade ainda não caracterizam a maioria dos governos, muito menos aqueles em Estados com divisões tão profundas. Isso nos traz de volta ao trabalho fundamental que podemos e precisamos fazer por nós mesmos.

Essa forma específica de virtude cívica e boa vontade com o outro, sobretudo em relação a um migrante, por exemplo, que cozinha arroz de maneira diferente da minha, ou que vem do outro lado da fronteira regional e tem uma língua nativa diferente da minha, sempre foi o obstáculo mais desafiador para países como Estados Unidos, França ou Reino Unido, onde ondas de imigração criaram um mosaico de pessoas no mesmo espaço físico. Achamos difícil compartilhar, mas achamos ainda mais difícil fazê-lo com aqueles que são visivelmente diferentes de nós – talvez porque nos sintamos ameaçados pela perspectiva de que os "outros" diluam nossa própria cultura, questionem nossos deuses, tomem nosso território ou simplesmente mudem o que sentimos ser a base de nossa identidade. Muitas vezes, esse sentimento se baseia em mitos de longa data que podem ser úteis para a coesão grupal, mas que oferecem um pretexto fácil demais para a exclusão. Onde a lei foi aplicada, ela foi principalmente usada para criar espaços separados para grupos diferentes: através da segregação; através do federalismo, que oferece a separação territorial de povos; através de isenções legais da lei para certos grupos que sentem que são muito diferentes dos restantes, como a comunidade Amish estadunidense. Só que nenhuma linha divisória, nenhum muro ou limite, nenhuma descentralização de poder substituirá o que é necessário: nosso interesse mútuo naqueles membros de nossa comunidade maior que são significativamente diferentes de nós de alguma forma.

O gênero faz parte dessa equação – e acrescenta mais uma camada de complexidade à raça e à etnia. O filme *Thelma e Louise*, uma história de duas amigas que fogem para o México depois que uma delas mata o homem que quase a estuprou, tornou-se uma espécie de manifesto para muitas mulheres da década de 1990 e para aqueles que se sentiam frustrados pelas limitações da lei, não porque quisessem infringi-la, mas porque queriam que ela as protegesse e descobriram que, em grande parte por serem mulheres, a lei, na verdade, funcionava contra elas. Ao escrever sobre o filme, a ex-reitora da Faculdade de Direito de Harvard, professora Martha Minow, e a professora de filosofia Elizabeth V. Spelman, compararam as frustrações de *Thelma e Louise* às do homem não branco, não para confundir as nuances e as diferenças importantes que eles enfrentam, mas para ilustrar algumas das semelhanças. Isso porque, como observam, "o fora da lei 'nobre' é um personagem estranhamente reverenciado, vagamente associado no folclore dos Estados Unidos ao Oeste e a ideias românticas sobre desenvolvimento pessoal e liberdade. O fora da lei nobre paradigmático é um homem cuja transgressão da lei pode ser compreendida como virtuosa em algum sentido".[5] Porém, a cultura estadunidense não nos permite imaginar nada além do homem branco ocupando essa posição valorizada do fora da lei nobre. O afro-estadunidense, o mexicano-estadunidense, o asiático-estadunidense, a mulher – estes, quando infringem a lei para fazer algo que sentem ser virtuoso ou certo, parecem ser não apenas "cidadãos desviantes", mas desviantes de uma maneira mais ampla. São um problema, não são nobres. Nosso próprio folclore, nossa consciência coletiva, não nos permite ultrapassar essas linhas divisórias. É o outro – negro, branco, pardo, feminino, transgênero –, o outro que não é como nós, seja lá como os definimos, que precisamos aceitar e abraçar, e, no entanto, é a lei que parece realmente falhar mais com essas pessoas específicas. Mesmo no passado muito recente, especialistas no Reino Unido entrevistaram mais de 300 profissionais da área jurídica para perguntar sobre o preconceito no judiciário. No momento de minha escrita, em 2022, 95% dos entrevistados disseram que o preconceito racial influencia os processos ou resultados do sistema judiciário, e 29% disseram que ele desempenha um "papel fundamental".[6]

Não acredito que apenas por consumir mais comida "étnica" alcançaremos tolerância e virtude cívica. Isso é simbólico, uma ponte e um começo para ver o "outro" como algo interessante e igual a nós. A comida é algo a ser compartilhado, e as deliciosas culinárias "étnicas" estão disponíveis para nós como parte de quem somos. No entanto, embora possamos apreciar e consumir a comida de uma cultura diferente, não necessariamente queremos ir além e acolher essa cultura em nossas vidas ou aceitá-la como parte de quem somos. Portanto, precisamos começar por algum lugar, e logo. A imigração é uma das questões mais desagregadoras para os estadunidenses na atualidade, pois trazem sérias preocupações a respeito de nossas fronteiras, mas o mesmo também ocorre com canadenses, italianos, alemães, franceses – praticamente em todo lugar.[7] Todos estamos preocupados com a segurança, com a chegada de outros às nossas terras, e alguns estão particularmente preocupados com a "diluição" de nossa cultura ou a ocupação de vagas de empregos locais e em escolas quando trabalhamos tão duro para conquistá-las.

A boa comida talvez seja a cura – um tipo diferente de sopa de galinha para essa doença extremamente complexa e acaloradamente debatida. Quando lecionei em Oxford, nessa cidade antiga e ainda bastante inglesa, exigi que meus alunos do primeiro ano de pós-graduação se aventurassem um pouco para o leste e fotografassem uma *delicatessen* específica na rua Cowley. Essa rua, com limite de velocidade de 30 km/h, é um baluarte de diversidade étnica e econômica, lar de muitos, desde professores estabelecidos de All Souls até refugiados sírios recém-chegados. No tempo que demora para percorrer a rua, você pode encontrar praticamente qualquer coisa, desde estabelecimentos muçulmanos e judeus até um lugar para refazer suas trancinhas jamaicanas.[8]

Meus alunos voltavam com algumas fotos, alguns doces deliciosos e muitas perguntas: questões, sobretudo, sobre eles mesmos, sobre quem eram e o que o Reino Unido era agora. E sobre como se relacionavam com o outro e com sua pesquisa. E sobre como compreender o Brexit. E assim por diante.

Meu trabalho como acadêmica me levou a muitos países do mundo para que eu me envolvesse, de modo crítico, com leis e fundamentos de outros lugares. Assim, tenho uma crença firme de que as identidades são mais compreendidas ao se provar e experimentar visceralmente os outros, e não apenas alguma versão fantasiosa deles. É uma maneira de começar a nos apreciar e valorizar a nossa rica complexidade. Tenho certeza de que Sam Huntington, o brilhante colega com quem aprendi muito e que também apreciava comida e cultura de qualidade, teria concordado plenamente comigo. Talvez não seja coincidência que, quando deixei o Iraque, os xeques com quem trabalhei de perto no Comitê de Revisão Constitucional e meu tradutor iraquiano me presentearam com duas coisas muito preciosas: uma caixa de tâmaras locais fumigadas e um saco de limões de Basra. Eram um convite para conhecer suas culturas, uma repartição de pão em meio a tantas diferenças.

Esse compartilhamento funciona. A França, uma antiga potência imperial que se estendia da África à Ásia e à América do Sul, recebeu uma infinidade de povos de raças e culturas diversas em seu território metropolitano relativamente pequeno. A mistura nem sempre foi pacífica. De fato, alguns dos piores tumultos das últimas décadas ocorreram na França, onde pessoas não brancas se sentiram iludidas por governos e projetos de integração fracassados, enquanto a pobreza grassava e extremistas islâmicos exploravam o descontentamento para fomentar mais violência e divisão. Mesmo aqui, no que talvez seja um dos casos de caldeirões multiculturais do mundo desenvolvido com mais chances de fracassar, ocorreram sucessos locais.

Em meados da década de 1990, os subúrbios localizados a uma breve viagem de trem da Torre Eiffel foram descritos pela imprensa como sem alma e carentes de comunidade, lugares onde apenas pequenos grupos de estranhos, sem conexão entre si além do desespero, passariam suas vidas.

Foi assim que a historiadora socialista Françoise Gaspard descreveu Dreux, sua cidade natal, de onde foi prefeita. O crime dominava aquela cidade, e os jovens do Norte da África eram, correta ou erroneamente, responsabilizados por grande parte dele. A Frente Nacional, liderada por Le Pen, obteve grandes ganhos em Dreux entre os habitantes mais idosos e brancos, porque a Frente Nacional foi um dos poucos partidos políticos a abordar de modo direto a questão da raça e da imigração, que era o problema óbvio nesse lugar específico.

Miro Rizvic administrava uma pequena loja em Dreux e lutava para viabilizar o negócio em meio aos pequenos crimes que minavam os lucros de seu patrão. Um dia, ao pensar sobre o problema, ele encontrou uma solução inovadora: "Eu emprego moradores daqui", disse ele, "um marroquino para os legumes, um tunisiano para os enlatados, um turco para o caixa. Assim, eles conhecem praticamente todos que entram aqui. É melhor do que contratar seguranças".[9]

Miro Rizvic, ele mesmo um cidadão francês recém-legalizado, emigrara cerca de 20 anos antes da Bósnia. Instintivamente, talvez, ele entendia o que era necessário para haver uma cooperação que ultrapassasse essas divisões étnicas.

Rizvic encontrou uma forma de boa ordem que é a base para a cooperação em comunidades heterogêneas ao redor do mundo. Cientistas políticos como James Fearon e David Laitin passaram suas carreiras estudando esse tipo de cooperação. Trabalhar através de linhas potencialmente desagregadoras não é apenas "agradável"; é fundamental para o funcionamento da comunidade e para que uma boa ordem seja próspera.[10]

É também crucial para o desenvolvimento. Cientistas sociais há muito se perguntam por que regiões dentro de um único país podem variar tanto em termos de desenvolvimento social e econômico. Países como a Itália, mas também a Índia e o Brasil, com suas vastas extensões territoriais naquilo que costumávamos chamar bizarramente de Terceiro Mundo, antigas colônias como essas, com legados enraizados de subdesenvolvimento, alimentados tanto por colonizadores quanto por multinacionais estrangeiras, apresentam bolsões notáveis de "boa governança" dentro de suas fronteiras nacionais complexas e economicamente desafiadoras. Mas são apenas bolsões, e aqueles que os estudaram nos alertaram que a "boa governança" tinha a ver, acima de tudo, não com os governantes, mas com os governados; com as qualidades dos próprios cidadãos e sua disposição para se envolverem com o Estado e uns com os outros.

Uma das primeiras estudiosas a explorar essa variação regional no Brasil foi a falecida Judith Tendler, economista do MIT.[11] Mais recentemente, Prerna Singh, cientista política da Universidade Brown, estudou um padrão semelhante na Índia. Singh descobriu que, embora o analfabetismo e a saúde fossem ruins, e a desnutrição e o crime fossem generalizados em muitas regiões, havia alguns bolsões de alto desempenho naquele país, nos quais os cidadãos recebiam melhores bens públicos, melhores escolas e cuidados de saúde, desfrutavam de taxas de alfabetização mais altas, vidas melhores e mais longas, e assim por diante. O fato mais importante que Singh identificou foi a solidariedade: um forte sentimento compartilhado de pertencimento a uma comunidade. Essa solidariedade, esse entendimento mútuo e essa percepção de semelhanças aumentavam as chances de os indivíduos daquela comunidade trabalharem com as elites regionais para buscar investimentos nas áreas que consideravam mais prioritárias no que se refere aos cuidados da subunidade, da comunidade, e elas tendiam a ser a saúde e a educação.[12]

Assim, aqui fica a pergunta: como conseguimos essa solidariedade, essa cooperação, mesmo entre grupos diferentes? Entre divisões étnicas e raciais, entre linhas políticas? Como conseguimos fazer com que jovens e idosos se juntem para elaborar um projeto comunitário e não discutam sobre qual grupo é mais capaz de aconselhar e liderar? Como, então, construir a solidariedade? Bem, uma resposta pode estar nas conchas dos caranguejos eremitas.

Há um documentário de David Attenborough que mostra caranguejos com uma aparência peculiar rastejando desajeitadamente por uma praia, quase como se estivessem de ressaca depois de uma noite de farra. Enquanto tropeçam e se chocam uns contra os outros, Attenborough explica que esses caranguejos eremitas dependem muito de suas conchas para sua proteção, pois caranguejos nus são vulneráveis a praticamente tudo, desde predadores até a luz solar. Suas conchas não acompanham o crescimento deles, então esses caranguejos descartam as antigas e precisam encontrar novas que se ajustem a seus corpos mais maduros. Como adolescentes que crescem rápido e não cabem mais em suas calças, eles aproveitam a oportunidade para fazer compras. No entanto, no caso desses crustáceos, ao contrário dos adolescentes, a farra de compras é uma questão de vida ou morte. Então, o que acontece: a farra de compras de caranguejos se parece com as multidões tumultuadas que observamos em todos os lugares, do Rio de Janeiro a Oakland, em que consumidores chegam cedo para as liquidações do feriado e acabam pisoteando funcionários e quebrando dobradiças de portas para pegar as pechinchas? De jeito nenhum. Em vez disso, esses animais costumam se organizar, de maneira interessante e cooperativa, em algo que alguns estudiosos chamaram de "mercado habitacional da natureza", aparentemente sem os ardis, subornos e patologias encontrados na versão humana dessas transações de mercado.

O biólogo Mark Laidre, em New Hampshire, estudou esses animais fascinantes. Ele explica que a necessidade indispensável que os caranguejos têm das conchas cria o potencial para conflitos extremos, mas na verdade resulta em uma cooperação elegante. O que é ainda mais interessante para nós é que, ao contrário de muitas formas de cooperação, ela não é o resultado de laços de parentesco. Devido a uma "fase de dispersão planctônica" no oceano, os caranguejos são separados de seus parentes antes de chegarem à terra. Isso significa que eles precisam cooperar com não parentes – não é mais a família que importa e ajuda. Eles fazem isso por meio da formação de coalizões, e as que tendem a ser mais estáveis são aquelas em que caranguejos menores e caranguejos maiores trabalham juntos.[13]

Existe um interesse crescente na ecologia e na evolução dessas redes cooperativas, sobretudo aquelas que vão além do parentesco, e há evidências de que formigas e outras criaturas praticam essa cooperação fora de suas famílias, às vezes fora da própria espécie. Isso não é o mesmo que altruísmo, em que estranhos vêm em socorro de alguém necessitado. Nem toda cooperação é desinteressada. Ela decorre, em vez disso, da necessidade básica que todos nós, como organismos vivos, compartilhamos: a necessidade de sobreviver. E quando percebemos que, para atender a essa necessidade, precisamos cooperar e cuidar de outros seres vivos que não são necessariamente membros de nossa família, de nossa raça ou mesmo de nossa espécie, é que ocorre uma forma única de cooperação: aquela que, como cientistas como Mark Laidre dizem, é na verdade bastante robusta e estável.

É claro que existe uma razão para cooperar que é única para os humanos, até onde sabemos, e que não é motivada pela simples sobrevivência ou por outro benefício, ou pela necessidade de obter algo com isso. Muito simplesmente, cooperamos além das linhas que nos dividem porque é a coisa certa a fazer, a coisa "justa", aquela que contribui para reforçar a dignidade humana e até maximizá-la. Essa ideia de que a dignidade humana deve ser talvez o fator motivador mais importante para nós enquanto seguimos vivendo é tão relevante, que, após a Segunda Guerra Mundial, os alemães a gravaram em sua nova constituição, a Lei Fundamental. Tendo testemunhado o completo desrespeito pela vida humana durante o Holocausto, os formuladores jurídicos reagiram e tornaram-na o valor mais importante de sua estrutura política do pós-guerra. O Artigo 1º, de fato, a sentença um, da Lei Fundamental Alemã diz: "A dignidade humana é inviolável". Claro, isso é uma lei, mesmo que seja uma lei superior, e sou cética acerca de todas as leis. O segredo não é ver a dignidade humana transformada em lei, mas, em vez disso, vê-la todos os dias, não em nível nacional, mas em lugares descentralizados, onde indivíduos de lados diferentes de alguma linha divisória demarcada se unem para cooperar, não por causa de um desastre natural; não por benefício mútuo; mas, dessa vez, porque era a coisa certa a fazer.

Como as facções em conflito no Brooklyn de Spike Lee,* existem exemplos de indivíduos que, de fato, fazem a coisa certa, apenas pelo bem da dignidade humana. Soldados na Primeira e na Segunda Guerra Mundial que se recusaram a atirar quando ordenados a fazê-lo; cristãos alemães e cidadãos holandeses e franceses que ajudaram judeus, abrigando-os, auxiliando-os em sua fuga dos nazistas, arriscando repetidamente a própria vida durante um período prolongado. Russos que desafiam seu governo, arriscando-se a prisão, morte ou algo pior, para denunciar Putin e sua guerra na Ucrânia. Não para seu próprio benefício, mas para sua própria humanidade.

Não precisamos de atos de violência extrema para ver esse tipo de comportamento. Podemos enxergar a humanidade do indivíduo diante de nós, independentemente de gênero, cor de pele, orientação sexual. E podemos tolerar as diferenças porque percebemos que estamos unidos em nossa humanidade. Podemos, assim, valorizar as diferenças porque percebemos que elas realmente tornam nossa comunidade interessante. E assim podemos e devemos fazer a coisa certa.

Se, como indivíduos, aceitamos essa dignidade, como é que ainda nos congregamos em nossos próprios enclaves homogêneos, sem entender por que, quando não somos contra a diversidade, acabamos em um lugar que está – e não está – preparado para fazer a coisa certa. O economista e ganhador de Prêmio Nobel Thomas Schelling procurou entender isso muitas décadas atrás; ele queria saber, por exemplo, por que pessoas que não se consideram racistas ainda assim acabam morando em bairros segregados. Ele estudou indivíduos que expressavam uma resistência apenas leve a viver em um bairro racialmente diverso, que se sentiam confortáveis contanto que tivessem um vizinho que se parecesse com eles; mas ele viu que, com frequência, essas pessoas ainda acabavam optando por um resultado coletivo, que tomava a forma de um bairro estritamente segregado.[14] Lamentando o fato de que os

---

* Referência ao filme *Faça a coisa certa*. (N.T.)

bairros muitas vezes acabavam sendo tão segregados por uma questão de escolha, muito embora a maioria das pessoas preferisse algum grau de integração, ele usou sua especialidade – a modelagem matemática – para tentar entender o que poderia ser feito. Sua conclusão não é diferente do que a maioria dos filósofos defende há décadas: uma maior tolerância. Schelling se referiu a cronogramas de tolerância, ou limites para o quanto uma raça (ou gênero ou grupo religioso) toleraria a presença do outro nas proximidades. Aumentar esse limite, essa tolerância ao outro, resultava em bairros mistos que eram preferíveis para a maioria. A dinâmica matemática da coletividade significa que você precisa aumentar sua tolerância até atingir esse limiar. É mais fácil falar do que fazer, mas essa é outra maneira de dizer que precisamos nos esforçar um pouco mais como indivíduos para entender e apreciar uns aos outros, para que juntos, coletivamente, tenhamos uma vizinhança muito mais inclusiva.

Por que não podemos deixar a lei cuidar de tudo isso? Por que não podemos promulgar leis melhores que abordem nossa segurança alimentar e ambiental? Bem, em primeiro lugar, tais leis serão contestadas por aqueles que têm mais a perder com elas; em segundo lugar, o que queremos é não apenas o resultado, mas também o processo. Eu sei que isso soa como o clichê "é a jornada que conta", mas basta olhar para a questão correlata de acabar com a segregação nos Estados Unidos. Muitos acreditavam que casos jurídicos importantes, como Brown *vs.* Board of Education, haviam ajudado a trazer mudanças positivas para os direitos dos afro-estadunidenses. Muitos acreditavam que o caso Brown havia enterrado a segregação racial nas escolas estadunidenses e desbravado o caminho para oportunidades posteriores, não importava a cor da pele do cidadão. Mas isso não é necessariamente a história completa. Mesmo que acreditemos que o caso Brown tenha sido uma decisão essencial a favor dos direitos civis, que a lei funcionou, ela não ajudou exatamente da maneira positiva e construtiva que esperávamos. A segregação foi eliminada, é verdade, mas a legislação habilitadora que de fato ajudaria a apoiar pessoas de raças diferentes a prosperar nos ambientes educacionais não ocorreu. Isso porque, mesmo quando a lei funciona, ela fica aquém. Ela talvez remova obstáculos, mas nem sempre fornece incentivos para o tipo de engajamento que desejamos e precisamos para avançar. Esse trabalho fica a nosso encargo.

Em um experimento marcante idealizado por Jack Balkin na Faculdade de Direito de Yale, vários conceituados professores de direito constitucional e teoria jurídica foram convidados a reescrever opiniões para o caso Brown em um exercício hipotético. A notável estudiosa Catharine MacKinnon afirmou: "O risco que corremos hoje não é ir longe demais rápido demais, como temem os réus, mas ir devagar demais e não longe o suficiente".[15] Aguardar que a lei faça o nosso trabalho é parte do problema como um todo, pois, quando ela muda, é de forma lenta e incremental, nem sempre na direção que sabemos ser a melhor para uma solução compartilhada de nossos problemas. É preciso ir além de corrigir o ritmo da compulsão jurídica. Mais persuasiva é a opinião hipotética dissidente, nesse projeto, e que foi apresentada pelo igualmente notável Derrick Bell, o primeiro professor afro-estadunidense a obter o título de professor permanente na Faculdade de Direito de Harvard. Ele escreve: "Discordo hoje da decisão da maioria nesses casos, porque a detestável segregação nas escolas públicas, considerada inconstitucional pela maioria, é uma manifestação do mal do racismo, cuja força e cuja onipresença esse Tribunal deixa de reconhecer, muito menos abordar e tentar corrigir". De fato, ele conclui: "Os negros, que apesar de tudo talvez sejam os cidadãos mais fiéis da nação, merecem algo melhor".[16]

Mas mesmo isso a lei não pode corrigir. Nós podemos. E podemos começar repartindo, com frequência, a "comida étnica" uns dos outros, refeições caseiras reais feitas pelas diversas culturas que compõem nossas comunidades. Siga adiante e aproveite a diversidade que somos, as nossas raças humanas, e talvez possamos começar a entender verdadeiramente como todos nós somos semelhantes.

7

Comece tudo isso muito cedo, por volta dos três anos

Quando eu era estudante universitária, lembro-me de aprender algo sobre educação escolar, ou a falta dela, durante um período tenso de provas finais. Fatigada por mais uma noite sem dormir escrevendo um trabalho, que foi entregue sem qualquer revisão, desesperada depois de ter perdido o prazo de entrega das 17h, após ter encontrado a porta do escritório da faculdade trancada, apelei para uma solução inovadora: a entrega do trabalho de pesquisa em domicílio. Contando com minha entusiasmada amiga Valery e uma amiga dela, que tinha carro, entramos em um Ford Fiesta com câmbio manual e percorremos algumas quadras a oeste, em direção a um subúrbio tranquilo de Chicago, onde morava meu professor. Enquanto Valery e sua amiga pisavam em gramados bem cuidados em busca do endereço correto, fiquei deitada no banco de trás, envergonhada com o estado de desleixo em que tinha me deixado cair enquanto finalizava aquele trabalho. Mas quando, passado algum tempo, minhas amigas não haviam voltado, ergui a cabeça como se estivesse olhando para fora de uma trincheira para ver, no céu da noite, uma série de luzes se acendendo como vaga-lumes sincronizados. Alpendre após alpendre, as pessoas acendiam suas luzes, observando essa entrega de trabalho não tão interessante assim. O quê? Por quê? Porque aquela era uma vizinhança branca, de classe média e aparentemente instruída. Era início da noite. E minhas amigas eram negras.

Se a lei não necessariamente nos incentiva a nos respeitarmos e celebrarmos nossas diferenças, se não é suficiente para evitar uma cena como aquela, precisamos nos perguntar o que será. E assim a busca por uma verdadeira cidadania termina onde deveria começar: com a instrução. Uma instrução de verdade.

Jean-Jacques Rousseau é conhecido por seus trabalhos sobre o contrato social, o acordo que todos nós faríamos uns com os outros ao estabelecer uma autoridade para nos governar. Discussões sobre o rompimento de contrato social têm aparecido em toda parte ultimamente, com alguns de nossos intelectuais mais importantes mencionando que muitos povos nem foram incluídos nesses contratos, para início de conversa.[1] Agora, estudiosos e comentaristas estão propondo maneiras de consertar essa situação. Mas não é por esse Rousseau que devemos procurar nesse momento. A obra menos conhecida desse autor foi sobre crianças – e é fundamental para entender como ele imaginava que um contrato social funcionaria desde o princípio, pois ele alertava contra uma forma de instrução que dependesse de instituições e regras e, em vez disso, acreditava que a educação escolar deveria ter o foco de ensinar a pensar criticamente e sobre o outro. E o segredo para alcançar esse patamar, por sua vez, repousa na solidariedade e na empatia. Na verdade, a educação era tão essencial para sua teoria do contrato social que Rousseau afirmava que ele só funcionaria se fizéssemos o contrato certo com nossos filhos primeiro. Independentemente de ter uma criança comum, uma criança talentosa, uma criança com necessidades especiais, os dados mostram que nossos sistemas de educação infantil atuais são limitados, deixando-as para trás no domínio de habilidades básicas da vida, como leitura e escrita, e estimulando pouco a mente delas. Talvez parte do problema seja que permanecemos muito vitorianos, pois muitas dessas instituições de ensino ainda são baseadas e focadas na autoridade e na hierarquia e, direta ou indiretamente, por meio de currículos desatualizados e tendenciosos, na exclusão, quando precisam começar com a criança: a criança auto-organizadora, que sabe instintivamente o que quer aprender, e a criança que precisa, como disse Maria Montessori, de um guia, em vez de uma figura de autoridade, para ajudá-la a negociar sua aprendizagem e sua responsabilidade como cidadão em uma comunidade cada vez mais diversificada.

Eis o que quero dizer.

Na pequena vila de Reggio Emilia, no norte da Itália, um experimento com educação infantil, cujas raízes remontam às teorias de Rousseau, tornou-se um fenômeno global. Todos os anos, professores do mundo inteiro viajam para estudar as creches "Reggio Emilia". São creches que foram fundadas por pais após a Segunda Guerra Mundial, projetos que resultaram de parcerias entre esses pais e a assembleia municipal. Hoje em dia, são escolas administradas pelo governo, com financiamento por meio de impostos progressivos e contribuições progressivas das famílias. São tão singulares que, em 1991, a revista *Newsweek* as classificou entre as Dez Melhores Escolas do Mundo. Sim, uma creche.

Ao entrar em qualquer uma dessas creches de Reggio Emilia, você nota várias coisas que são deliberadamente diferentes das creches de outros países, ou até mesmo das creches em outras partes da Itália. Primeiro, e mais importante, você percebe um grande e acolhedor espaço comum por onde as crianças devem circular, reunir-se e interagir espontaneamente ao longo do dia. Ele é chamado, de maneira muito apropriada, de *piazza* (praça). As creches em Reggio Emilia incorporaram esse conceito, a ideia da praça e de seu papel em nos incentivar a nos encontrarmos, ao provocar, deliberadamente, interações espontâneas entre as crianças na escola. Como uma das professoras de uma das escolas em Reggio me disse: "Estamos formando cidadãos e construindo uma comunidade, não somos um estacionamento para crianças ficarem enquanto seus pais trabalham".

Quando meu filho de três anos conseguiu uma vaga em uma dessas escolas, fomos nos encontrar com sua professora. Um atelierista formado em Belas Artes nos cumprimentou à porta e, enquanto caminhávamos pelo vasto espaço aberto, notamos crianças saindo da praça. Um menininho de saltos altos e uma estola de penas avançou para inspecionar meu filho, seu novo colega. Sorridentes, eles se cumprimentaram e depois prosseguiram com seu importante trabalho criativo enquanto fazíamos um passeio pela escola. Comparo essa lembrança com a antiga creche de minha filha em Oxford, um edifício arquitetônico premiado e berço de uma faculdade na mesma cidade, o qual, apesar de sua construção incrível, carece de uma praça. Você entra em um espaço pequeno e é obrigado a dobrar uma esquina. As áreas são divididas por atividade. É uma estrutura encantadora, com materiais naturais formidáveis. Mas a ideia de um espaço acolhedor e aberto para crianças e pais se misturarem, se reunirem e interagirem está ausente. Em tal espaço, o conhecimento compartilhado, a base mais essencial da cooperação, também inexiste.

Culturalmente, alguns países e sociedades fazem isso melhor que outros, a saber, a criação de espaços públicos adequados para promover o conhecimento compartilhado. Em Reggio Emilia, na Itália, isso é tão relevante, tão crucial para a forma como os italianos sempre pensaram em seus espaços, que eles iniciam os filhos nesse hábito aos três anos. Existem, é claro, outros exemplos pedagógicos de outros países. Contudo, o que é marcante e aparentemente singular em Reggio Emilia é que essas escolas têm raízes em uma cultura que, pelo menos por um tempo, e séculos atrás, acreditava em pensar no "outro" e incentivava a virtude cívica. Mesmo sendo um país cujas leis de trânsito muitas vezes são consideradas meras sugestões em vez de regras firmes, a Itália é também o país cujo povo foi o primeiro na Europa a sofrer a devastação da covid-19, mas que se uniu rapidamente e abraçou o confinamento com humor e solidariedade. Talvez seja a experiência com ambos os aspectos da cultura italiana que deixa os inúmeros professores que vêm do mundo inteiro para conhecer Reggio inspirados, mas também realistas.

O caminho para aqueles de nós cujas culturas não têm raízes na comunidade e na amizade, mas na liberdade individual, será longo. No entanto, precisamos começar em algum lugar. Se conseguirmos desenvolver nossa personalidade de forma a sermos, seguindo as propostas de Cícero e do direito romano primitivo, indivíduos voltados para a cidadania, nós nos libertaremos das restrições de leis e regras, não para cairmos na mais completa desordem, mas para permitirmos o surgimento de uma boa compreensão social, de modo que as leis e regras tenham menos trabalho a fazer. Devemos parar de nos preocupar se as crianças chinesas estão superando as alemãs em tecnologias da informação e da comunicação e, em vez disso, ajudar as nossas, em primeiro lugar, a internalizar seu sentimento de pertencimento à humanidade e agir de acordo com ele. E, sobretudo, fazer isso nos primeiros anos da vida.

A educação escolar infantil sempre será difícil de reformar, pois é administrada pelo governo com o dinheiro de nossos impostos, e é um elemento essencial do Estado moderno. Mesmo aquela em Reggio Emilia, que é uma iniciativa local e administrada em parceria com o Estado. Não são escolas particulares chiques. São escolas estatais chiques, em que "chique" se refere a uma compreensão sofisticada da pedagogia e do desenvolvimento infantil aplicada ao trabalho realizado pelos professores. "Chique" remete, ainda, à farta variedade de materiais e projetos disponíveis para todas as crianças. Ao reunir o governo local e a comunidade de cidadãos locais em uma pequena mesa redonda para pensar sobre o que desejavam oferecer aos jovens cidadãos de Reggio, surgiu um fenômeno pedagógico.

Nos arredores de Sudbury, Massachusetts, fica localizada a sede de outro modelo, a Sudbury Valley School. Lá, alunos de 5 a 17 anos sentam-se juntos em pé de igualdade com os profissionais, pois não existe hierarquia e ninguém faz o que seu mestre mandar. Fundada em 1968 como uma forma de ensino baseada na democracia direta, agora existem dezenas dessas escolas pelo mundo afora. Fiz uma videochamada durante a pandemia com um graduado de uma dessas escolas nos Estados Unidos, que fez faculdade e agora trabalha com computadores. Eu me perguntava se um ambiente educacional protetor e diferente, como o modelo Sudbury, havia dificultado a entrada dele no "mundo real".

"Ótima pergunta", respondeu ele, confiante e eloquente. "Entendo a razão para você pensar assim. Mas, na verdade, senti que tinha uma vantagem." Ele continuou dizendo que, após sua formação em Sudbury, enquanto estava na faculdade, não teve absolutamente nenhum problema em solicitar ajuda aos colegas de quarto e de turma quando precisou. Quando não entendia algo, não se sentia envergonhado nem tinha vontade de fingir que sabia. Ele não sentia que estava engajado no tipo de competição em que muitos de nós crescemos, na qual você sabe que, se está sendo avaliado em comparação com seus colegas, auxiliar um deles não necessariamente o ajuda a obter uma nota melhor e, portanto, torna-se irracional fazê-lo. Em vez disso, esse jovem disse que sabia, por intuição, o que fazer: onde pesquisar, como ensinar a si mesmo e como simplesmente pedir ajuda e conselhos a seus colegas, sem precisar recorrer a uma figura de autoridade. Esse é o objetivo desse tipo de instrução: inculcar nos cidadãos jovens, que tendemos a ignorar ou não considerar cidadãos, a confiança e a crença na própria capacidade, nas próprias habilidades e, a partir daí, construir uma confiança mútua e obter o respeito de seus pares.

Visitei uma pequena escola libertária nos arredores de Verona, em uma encosta em que terraços dominam a paisagem, que é banhada pelo sol o dia inteiro. Esse experimento tenta, de maneira similar, construir uma comunidade por meio da gestão democrática: todas as crianças têm direito a voto sobre a pauta, as decisões são tomadas em conjunto por meio da negociação. É mais difícil administrar uma escola dessa maneira, demora mais para fazer as coisas. É desordenado, mas essa falta de ordem é um investimento. Visitei o espaço com meus filhos pequenos, enquanto o coordenador e guia da escola nos conduzia. Quando chegou a hora do almoço, meu filho ficou impaciente e sua glicose começou a cair. Nosso guia, sem hesitar, perguntou ao pequeno grupo de alunos que havia trazido lancheiras se cada um estaria disposto a doar um pouco de seu almoço, doações pequenas que, juntas, constituiriam uma porção completa para meu filho. Doações pequenas, gestos grandes. Essa é uma das muitas lições do dia naquela escola, dada de forma espontânea e concreta, não em um quadro branco na frente da sala.

De maneira semelhante aos movimentos de educação em escala humana, que tentam reduzir o tamanho das turmas e das escolas, esses projetos buscam compreender, primeiro, nossa relação uns com os outros e com o espaço ao nosso redor, assim como nossa responsabilidade em fomentar essas relações. Isso se torna a base para a construção do conhecimento e a base para futuras gerações de cidadãos que têm essa sensibilidade para relacionamentos em sua fibra moral, que não precisam aprender essas coisas pela primeira vez quando são adultos. Pelo contrário, as crianças internalizam tudo isso desde cedo, derrubando barreiras sociais e raciais, e o fazem com frequência.

Esse tipo de educação infantil, e apenas esse tipo, enfatiza nossa obediência civil a nós mesmos e aos outros e impede que qualquer projeto espontâneo venha a se assemelhar aos grupos hierárquicos de controle mental tão reminiscentes da década de 1970. Não estamos criando cultos obedientes e autoritários; estamos reconstruindo a humanidade de baixo para cima, uma criança ponderada de cada vez.

Não se trata de ignorar o fato de que queremos que as crianças aprendam a ler e escrever, conheçam fatos sobre o mundo e sejam expostas a todos os assuntos fascinantes pelo mundo afora, desde geografia até arte, física e música. Como James Handscome, diretor-executivo da Harris Westminster Sixth Form, uma escola de ensino médio seletiva que aceita alunos de áreas socioeconomicamente desfavorecidas em Londres, destacou com razão: as qualificações são importantes, e os alunos desfavorecidos são aqueles menos propensos a ter qualificações, ou talvez a não ter desenvolvido um apreço pelo aprendizado. "Precisamos pensar com cuidado sobre como estamos ajudando aqueles que acham o estudo difícil, o que estamos fazendo para enriquecer suas vidas, para aumentar sua confiança, para prepará-los para o futuro."[2] De fato, é por isso que devemos plantar as sementes de comunidade, empatia e conexão mais cedo – em pré-escolas e escolas de ensino fundamental, para que as escolas de ensino médio possam então aproveitar essa base, mas concentrar-se na instrução dos alunos nas disciplinas de que precisarão para sobreviver e prosperar em um mundo cada vez mais complexo.

E então, isso sai caro? Não do ponto de vista financeiro, pois as escolas de Reggio Emilia começaram no final da década de 1860, no pequeno vilarejo de Villa Guida, onde as pessoas viviam na pobreza. Com o objetivo de proporcionar às crianças um espaço físico e moral para crescerem e entenderem a comunidade, essas foram algumas das primeiras tentativas de uma instrução cidadã secular. Quando o fascismo se consolidou na Itália, essas escolas foram fechadas; depois da guerra, um grupo de pais ressuscitou a ideia de um espaço secular e moral e começou a construir uma pré-escola, de tijolos e argamassa, e com as próprias mãos, para as crianças da região.[3]

Reggio se destaca e tem se mostrado um modelo sustentável, pois é um dos poucos projetos que inclui a todos, uma vez que é financiado pelo governo local com uma escala móvel de doações das famílias e, como tal, é uma alternativa educacional viável que não exige mensalidades altas se os pais não puderem arcar com elas. Além disso, ao se conectar com a comunidade de várias maneiras, Reggio torna seu projeto ao mesmo tempo mais duradouro e mais sustentável, com encadeamento para frente e para trás. Em uma rua lateral no centro de Reggio Emilia, não muito longe das muitas sorveterias artesanais que também tornam essa cidade especial, fica a Remida, um projeto conjunto da comuna de Reggio e da Enia, uma empresa fornecedora de serviços públicos.

A Remida coleta, limpa e organiza produtos descartados por cerca de 200 indústrias em toda a região. Professores das escolas de Reggio visitam o centro diariamente para escolher materiais diversos para as crianças usarem em seus projetos. Partes soltas. De tecidos a tintas, metais a plásticos, papel e pedaços descartados de fios elétricos, borracha e assim por diante, essas crianças se beneficiam do vasto e diversificado conjunto de materiais disponíveis para elas a um custo mínimo para a escola. Enraizada na teoria do pintor e escultor britânico Simon Nicholson dos anos 1970, mas atualizada por meio do estabelecimento de um ciclo de desperdício zero que permite que a indústria local doe peças à Remida, essa iniciativa oferece um número infinito de configurações que surgem da montagem desses materiais brutos. O jogo e a aprendizagem tornam-se processos sem fim, não metas baseadas em currículos nacionais. As crianças criam seu mundo, transmitem seu significado e, ao fazê-lo, ganham poder, porque não lhes é simplesmente apresentado algo e ensinado como usá-lo; elas recebem pedaços de nada e são incentivadas a encontrar algo para fazer com eles. E encontram. Assim, desde os três anos, essas crianças estão resolvendo problemas do seu jeito, usando a própria imaginação. Haveria melhor maneira de se preparar para o futuro, o qual exigirá delas uma criatividade igual para resolver problemas reais – desde os enfrentados pelo meio ambiente até os desafios colocados pela exploração espacial aos novos e mortais vírus e bactérias que inevitavelmente surgirão?

Igualmente importante é que essas crianças, seus pais e a comunidade sabem que estão reutilizando coisas; que estão, de maneira criativa, transformando materiais descartados em belas obras de arte; que estão contribuindo para a sustentabilidade de nosso mundo. Em suas próprias palavras, "a Remida é um projeto cultural de sustentabilidade, criatividade e pesquisa sobre o uso de materiais descartados. Promove a ideia de que o lixo, o imperfeito, é portador de uma mensagem ética, capaz de suscitar reflexão, ao se apresentar como um recurso educacional, escapando assim da definição de ser inútil e rejeitado".[4]

O que precisamos pensar, então, é em uma forma de educação infantil, nos primeiros anos de vida, que comece com estes ideais e valores: a comunidade; a identidade das pessoas nessa comunidade, por mais diferenças que ela tenha; a sustentabilidade e a criatividade; e a celebração do imperfeito. Isso nos remete à próxima parte importante dessa educação.

Na década de 1980, três adolescentes cometeram suicídio na Noruega, em um gesto interpretado por muitos como consequência de bullying severo por parte dos colegas. O Ministério da Educação da Noruega reagiu e iniciou uma campanha contra o bullying. Dan Olweus, professor de psicologia na Universidade de Bergen, acreditava firmemente que o bullying era um problema de direitos humanos e, inspirado pelo destino desses meninos e de outros, desenvolveu um dos métodos mais eficazes para a prevenção do bullying já visto, e ele está sendo utilizado, avaliado e replicado em escolas do mundo inteiro há cerca de 35 anos. O método testado e comprovado de Olweus tem quatro princípios básicos que, quando implementados, reduzem drasticamente a cultura de bullying no ambiente escolar.

O primeiro princípio exige que os adultos, na escola, sejam afetuosos e demonstrem um interesse positivo pelas crianças, envolvendo-se de verdade com elas, sorrindo genuinamente para elas, dando-lhes tapinhas nos ombros e elogiando-as. É preciso fazer isso com todas as crianças, não apenas algumas delas, para construir uma relação de confiança com todas do grupo. O segundo princípio é estabelecer limites, para que fique claro o que constitui ou não um comportamento aceitável. O terceiro é implementar consequências claras, consistentes, não hostis e não físicas quando transgressões ocorrem. Quarto, os adultos precisam funcionar como modelos positivos – eles não podem ser valentões.[5] São princípios baseados em valores que precisamos inculcar agora nas escolas para que, mais tarde, em nossas comunidades, não tenhamos valentões – tenhamos cidadãos cooperativos e empáticos.

O que é marcante nesse programa é que, embora esse método dependa das estruturas de autoridade da escola e da sala de aula para funcionar, ele parece procurar corrigir aquilo que a autoridade infelizmente se tornou nas instituições, inclusive nas escolas: negativa, desinteressada, às vezes violenta e agressiva, seja de forma ativa ou passiva e, com frequência, egoísta e sempre controladora. O que é fascinante nesse projeto é que os princípios básicos desse programa contra o bullying, extremamente eficaz, concentram-se, em primeiro lugar, não nas crianças, mas nos adultos – em como estamos liderando e ensinando nossas futuras gerações por meio dos comportamentos e atitudes que mostramos a eles todos os dias. Quando mais crianças são incorporadas ao programa, isso é feito de uma maneira que as incentiva a serem espectadores responsáveis e ativos. "Elogie os espectadores com comentários específicos sobre coisas que fizeram para ajudar, mesmo que não tenham sido eficazes", diz o guia de Olweus.[6] Isso é o que precisamos começar a fazer se quisermos evitar que nossos filhos cresçam para serem os espectadores culpados mencionados antes neste livro.

Outro pioneiro educacional citado com frequência em círculos pedagógicos alternativos é Vassili Sukhomlinski, um professor ucraniano que focou o desenvolvimento moral da criança, em contraste com a instrução para fins utilitários. Comuns às teorias de Sukhomlinski, Loris Malaguzzi e a muitos desses educadores alternativos; comuns aos projetos locais que deram certo, incluindo o de Reggio Emilia, mas também à escola de Maria Montessori em Roma e à escola do vilarejo de Sukhomlinski, na Ucrânia, são as três ideias a seguir, as quais podem, com facilidade, ser replicadas e adaptadas às nossas necessidades culturais específicas:

1. instruir os mais jovens a serem cidadãos gentis e atenciosos, não apenas realizadores de testes;
2. incluir e envolver a todos; e
3. construir encadeamentos para frente e para trás entre as crianças e a comunidade, incluindo o planeta.

Obviamente, as teorias deles são mais complexas e nuançadas do que esses três princípios. No entanto, se você imaginar a maioria das instituições educacionais do mundo, é impressionante notar que poucas combinam essas ideias. Vea Vecchi é uma artista que trabalhou como uma das primeiras atelieristas na pré-escola Diana em Reggio Emilia. Quando participei de uma oficina no Centro Malaguzzi em um verão italiano abafado, assisti a Vecchi dar uma palestra. Uma mulher elegante, ela passou mais de 30 anos na pré-escola, mantendo, ao mesmo tempo, sua prática artística autônoma. Vecchi afirmou em vários lugares que, ao longo das décadas, a pedagogia de Reggio foi "construída com o trabalho diário de muitas mulheres e foi cuidada por mentes e mãos femininas".[7] Vecchi prossegue afirmando que, embora lamente a clara ausência de colegas masculinos na história mais recente das escolas de Reggio, o que emergiu ao longo dos anos sob a custódia, sobretudo, feminina é uma pedagogia "feminina", "uma instrução baseada nos valores das relações, da empatia, da solidariedade, do cuidado com as coisas, da ternura e da gentileza; todos traços que a psicologia tradicionalmente atribuiu ao gênero feminino, mas que constituem riqueza para todos".[8]

Fiquei impressionada com várias de suas sugestões e não pude deixar de pensar em outra mulher de idade e porte físico semelhantes, a cerca de 4.800 km de distância, com formação e profissão diferentes, mas que talvez esteja unida a Vecchi por sua crença, entre outras coisas, em uma filosofia "feminina". Em um vídeo que mostro aos meus alunos, a filósofa do direito Martha Nussbaum, caminhando ao longo das margens do lago Michigan, perto da Universidade Chicago, fala sobre algo muito semelhante: a importância de reimaginar a esfera pública e a sociedade civil de maneira mais ampla, não na tradição de Hobbes, John Locke e da maioria de nossos filósofos fundadores – todos homens brancos sem nenhuma deficiência –, mas em algo diferente, como um lugar de diferença, onde corpos e mentes não são iguais, onde alguns são fortes e outros fracos e onde o papel ideal do Estado pode realmente ser o de uma babá: cuidar e educar; nutrir, incluir e entreter, sobretudo os mais vulneráveis.[9]

Hoje em dia, um Estado babá muitas vezes é visto pejorativamente como aquele que se preocupa se seus cidadãos usam cintos de segurança, consomem açúcar demais, fumam, bebem, comem alimentos que entopem as artérias e assim por diante – e então o Estado legisla nesse sentido e encontra a mesma resistência. Vamos imaginar, em vez disso, uma cidadania babá que funcione de acordo com as mentes e mãos femininas de Reggio Emilia, a qual, como as pré-escolas, sirva não para controlar e confinar em uma gaiola de ferro; um "Estado" que construímos juntos para ajudar a capacitar e incentivar solidariedade, empatia, gentileza e ternura.

Mas empatia e solidariedade não são encontradas apenas na escola, nem são matérias a serem ensinadas. Para formar futuros cidadãos, precisamos construir e conceber de novo as praças comuns às quais chamamos de playgrounds. O governo austríaco possui dados que sugerem que 70% das meninas entrevistadas afirmaram se sentir intimidadas ao participar de atividades de playground em que meninos estão presentes.[10] O que nem sequer pensamos é como todas as nossas praças públicas, incluindo os playgrounds, têm gênero e talvez sejam até proibitivas para os não brancos e aqueles no espectro autista – em síntese, para muitas de nossas crianças que talvez não se encaixem exatamente naquela "média" ilusiva. Como seria um espaço de brincadeiras neutro em relação ao gênero, sem distinções raciais e amigável para pessoas com necessidades especiais? E como podemos convidar os governos locais para dialogar conosco, com nossas crianças, sobre o que queremos e precisamos?

Essa visão pode parecer apenas isso, uma oportunidade incrível para um arquiteto paisagista, uma assembleia municipal ou um grupo de cidadãos pensar coletivamente e colocar em prática seu projeto. Na década de 1930, a Dinamarca fez exatamente isso. Ela testemunhava, assim como a Alemanha e a maioria da Europa, o surgimento do fascismo. Pelo menos um arquiteto paisagista na cena dinamarquesa do período entre guerras começou a pensar em maneiras de incentivar uma atitude social-liberal na população para servir de contraponto à iminente atitude fascista, uma atitude capaz de reunir famílias em espaços públicos, permitindo que os moradores da cidades desfrutassem dos espaços verdes que ele considerava necessários para a saúde e o bem-estar, mas também que unisse a comunidade de pensamento liberal e tentasse incentivá-la e ajudá-la a prosperar. Espaços assim existiam, em certa medida, no campo, mas o clima econômico da década de 1930 significava que os moradores urbanos tinham menos acesso a tais espaços públicos.

Carl Theodor Sørensen considerou essa ideia tão importante que propôs espaços urbanos os quais começariam com crianças pequenas, sobretudo nas cidades, fornecendo-lhes um lugar para interagir entre si e com a natureza, um espaço que levasse em consideração o gênero e as diferenças etárias e de habilidades, mas de maneira a incentivar seu crescimento e suas capacidades. Cottage Park foi uma dessas propostas e reproduzia algumas das vozes mais progressistas da Europa na época, daqueles que lutavam contra a maré crescente do pensamento iliberal, incluindo Alva Myrdal, a socióloga sueca que lamentava que as pré-escolas em sua terra natal bifurcassem as crianças em vez de uni-las: famílias pobres com mães que trabalhavam recebiam, na melhor das hipóteses, instalações básicas de cuidados que careciam de qualquer inovação pedagógica ou estímulo; famílias ricas eram capazes de fornecer governantas particulares ou escolas mais sofisticadas, personalizadas e, às vezes, sufocantes e rígidas. Dois extremos. Argumentando a favor da importância de fechar essa lacuna e chegar a um meio-termo, com um projeto melhor para todos, Myrdal e outros teorizaram sobre espaços físicos e formas de educação infantil que ajudariam a formar cidadãos e, talvez, até a manter afastados os fascistas emergentes. Essas ideias iniciais têm muito em comum com a filosofia subjacente à pedagogia de Montessori e à que sustenta as escolas de Reggio Emilia. Entretanto, também falam sobre espaços além das pré-escolas, fora delas, os espaços públicos para todos e aos quais meus conhecidos alemães me apresentaram apenas uma década após a queda do Muro de Berlim.

Com a guerra a pleno vapor, na década de 1940, muitos desses projetos foram suspensos. No entanto, o período imediato pós-guerra e a derrota dos nazistas na Europa proporcionaram uma segunda chance. Ao observar crianças brincarem entre os escombros de uma cratera feita por uma bomba da Segunda Guerra Mundial na Dinamarca, Sørensen parece ter ficado impressionado com o fato de crianças de várias idades estarem se movimentando com cautela por aquele local, encontrando oportunidades para brincar, para construir "objetos" familiares, como cabanas e carros, com os fragmentos de tijolos e argamassa ao redor de seus pés. Essa imagem gerou a ideia de um tipo de playground que seria assim – não mais excessivamente projetado e arquitetonicamente completo, mas deliberadamente incompleto; um trabalho em andamento constante que, segundo ele, se assemelharia à "sucata" aos olhos dos adultos, mas proporcionaria infinitas oportunidades para a criatividade e as brincadeiras cooperativas aos olhos das crianças. O playground de "sucata" nasceu. Sørensen ajudou a fundar o primeiro deles, o agora famoso Playground de Sucata Emdrup em Copenhague, que é citado, com frequência, como o berço do trabalho lúdico. Dizem que quando Sørensen comentou sobre o trabalho de sua vida como arquiteto, ele afirmou que o playground de sucata fora, de longe, sua ideia mais feia, mas também a mais significativa e aquela da qual ele mais se orgulhava.

Do outro lado do Mar do Norte, por volta da mesma época, uma arquiteta paisagista inglesa, Lady Allen de Hurtwood, tornou-se uma grande defensora desses playgrounds de sucata no Reino Unido após a guerra. Eles não eram playgrounds construídos por qualquer outra pessoa, compostos por estruturas de aço e madeira com o logotipo de uma empresa gravado nelas. Em vez disso, eram playgrounds de sucata feitos de peças aleatórias de material descartado, algumas doadas, algumas encontradas, onde a aventura é imaginada pelas próprias crianças, criada em suas mentes e em colaboração umas com as outras. Na verdade, às vezes eram chamados de playgrounds de aventura por esse motivo.

Se você entrasse no Playground de Aventura Koop, nos Estados Unidos, em 15 de outubro de 2021, veria crianças ao ar livre, com máscaras, criando uma vacina contra a covid-19 com lama e água, para vacinar o grupo com menos de 12 anos, uma ideia delas, enquanto cientistas e governos corriam para fazer o mesmo, mas lutavam para entender ou concordar com sua aprovação. Essas crianças agiram. Um anúncio de emprego para um coordenador de recreação no Koop explica o papel de um adulto nesse espaço, deixando claro aos candidatos que "às vezes nossa presença tranquila, nossa disposição para se envolver em coisas não adultas e nossa prática de ouvir ativamente leva a conversas pessoais e terapêuticas com as crianças sobre a vida e as dificuldades delas, mesmo que isso pareça apenas brincadeira na lama ou assassinato de zumbis".[11] O brincar de aventura, o brincar arriscado, os playgrounds de sucata e a ideia de ouvir o espaço que ainda não foi criado, mas que é imaginado em conjunto, tudo é feito com o propósito de permitir que os jovens cidadãos pensem no que precisam e depois criem uma versão disso em um lugar seguro.

A ideia por trás de muitos desses playgrounds de sucata continua a mesma: criatividade, trabalho lúdico, comunidade, cooperação e resiliência. São coisas sobre as quais já vimos falando em construir ao longo deste livro, mas o segredo é realmente começar desde cedo, dando às crianças essa base enquanto navegam pela vida. Unindo todos esses conceitos, que por acaso também estão presentes nos anúncios de inúmeros podcasts e nos livros de parentalidade mais vendidos, está a ideia de risco – de permitir e até incentivar crianças a correrem riscos que as ensinarão a serem resilientes, mas também ensinarão sobre comunidade: como depender dos outros e ajudá-los. Qualquer adulto que observe essas crianças em um playground de sucata ou o equivalente as verá trepar em árvores altas com galhos fracos, usar ferramentas reais ou acender fogueiras e, inevitavelmente, em algum momento, sentirá um arrepio provocado pelo medo instintivo. Isso porque essas crianças de fato correm riscos, mas, ao fazê-lo, e em um espaço onde os adultos minimizaram os perigos, estão desenvolvendo um senso de si mesmas, de suas possibilidades e limites, e também uma percepção umas das outras.

Os riscos, os especialistas explicam, não são os perigos em si, entendidos de forma absoluta. Em vez disso, o risco é um cálculo, uma avaliação sobre quando um perigo potencial provavelmente causará danos e quando não. O brincar arriscado é agora bem compreendido na literatura sobre desenvolvimento infantil como um elemento saudável, até necessário, para o desenvolvimento físico, cognitivo e emocional. Uma revisão sistemática das pesquisas sobre esse tipo de brincadeiras "revelou efeitos positivos, no cômputo geral, de brincadeiras arriscadas realizadas ao ar livre, os quais foram medidos por vários indicadores de saúde e comportamento, em geral a atividade física, mas também a saúde social e os comportamentos, as lesões e a agressividade". Todos esses aspectos são cruciais para se obter aquela solidariedade e empatia que ajudam a construir uma comunidade.[12]

The Land é outro playground de sucata que se tornou internacionalmente popular por causa de um documentário que mostrou crianças pequenas subindo em árvores altas com galhos frágeis, enquanto "facilitadores" adultos observavam (ansiosos, porém com paciência) embaixo, refreando seu instinto natural de dizer a uma criança para descer ou ter cuidado. Em uma cena, uma menina de cerca de dez anos queima o dedo em uma grande fogueira. Esse filme lembra outro feito em Londres, há algumas décadas, o qual mostrava crianças envolvidas e felizes, circulando com curiosidade em um espaço improvisado por elas, que fora projetado e criado em meio a um inverno sombrio no Reino Unido. Ao olharmos para esses espaços como adultos, ficamos espantados: eles estão cheios de sucata feia, de caixas de papelão velhas e tábuas quebradas, de caixotes de plástico descartados e coisas desformes e irreconhecíveis. E existe, na maioria desses espaços, uma certa aleatoriedade: não há estruturas de escalada ou escorregadores ordenados, não há grama sintética ou troncos de árvore protegidos por borracha, não existe projeto de playground corporativo que tenha medido a disposição dos objetos usando cálculos de distância entre atividades e o número previsto de participantes, e assim por diante.

Em vez disso, esses espaços se parecem com os locais bombardeados, deteriorados, de onde a ideia para eles surgiu. Eles são bagunçados, cobertos de peças soltas sujas e quebradas – e aqui está o segredo: peças soltas. Isso porque a teoria das peças soltas está no cerne da aprendizagem nesses lugares. Para o olho criativo da criança, isso não é uma bagunça a ser limpa e reciclada; trata-se de um reino de possibilidades. Nenhum adulto pode intervir e restringir a brincadeira e a criatividade em nome da ordem ou da limpeza. Nenhum pai pode reclamar que o local está desordenado ou que os objetos estão sendo usados inadequadamente. Esse espaço é soberano em sua bagunça e desordem, assim como são as crianças que criam dentro dele. Elas não precisam se preocupar com os pais dizendo a elas para não quebrar ou sujar as coisas. Elas também não têm a falsa sensação de segurança proporcionada pelos espaços de recreio construídos, que as pesquisas mostraram poder ser perigosos precisamente por esse motivo.

Em 2016, pesquisadores de várias disciplinas da Universidade de Gloucestershire procuraram entender se esses playgrounds de sucata de décadas atrás realmente tiveram algum efeito positivo e descobrir se as crianças envolvidas com eles, em Bristol e Gloucester, nas últimas décadas, poderiam mostrar que haviam sentido alguma diferença positiva. Ao entrevistarem os adultos que frequentavam os playgrounds na infância e seus pais idosos ou os recreadores que os observavam e facilitavam a experiência, os pesquisadores buscaram reunir informações e produzir uma trajetória de linha temporal que olhasse não apenas para os altos e baixos do desenvolvimento, do uso, das restrições legais e das questões de financiamento relacionadas a esses parques, mas também para o impacto desses espaços, dessas praças, nos cidadãos jovens à medida que cresciam. Uma conclusão a que os pesquisadores chegaram foi que os dados existentes, embora sua abrangência seja incompleta, "tendem a mostrar o valor instrumental dos playgrounds de aventura e recreação em termos de sua capacidade de lidar com preocupações de política social, como a redução da inatividade física e da obesidade, a diminuição da criminalidade, ou falta de coesão comunitária".[13]

Assim, tudo se encaixa nesse lugar, com nossas crianças muito jovens, nossos cidadãos muito jovens. Ajudá-los a aprender a não fazerem o que seu mestre mandar; a exercerem seus direitos, mas de maneira responsável, por meio de uma negociação de direitos de baixo para cima; a usar repetidamente suas praças, seus espaços de brincar, e a se sentirem bem-vindos neles; a cultivarem a própria comida e a compartilharem com os outros; a também consumirem a chamada "comida étnica" e a verem como parte de sua própria identidade de mosaico.

As escolas precisam adotar todos esses pilares em formato micro e incorporá-los no currículo como prioridade. Chame a isso de "educação profunda".[14] Hoje em dia, sabemos que o cérebro é muito mais maleável do que pensávamos originalmente, mesmo o cérebro dos adultos, e que a solidariedade na forma de compaixão e até mesmo de comportamento altruísta não só pode ser incentivada, mas também pode realmente ser ensinada.[15] Entretanto, é melhor começar a incentivar esse comportamento altruísta e cooperativo desde cedo.

A evidência de que isso funciona já existe e foi fornecida por pesquisadores da Universidade de Wisconsin-Madison, que se propuseram a entender se o comportamento altruísta e cooperativo poderia ser aprendido pelos seres humanos. A pesquisa deles foi tão esmagadoramente positiva que eles desenvolveram um "currículo de bondade", um programa que ajuda crianças em idade pré-escolar a aprender a cuidar dos outros, a sentir o que os outros sentem. Por meio de uma série de meditações guiadas que começam por colocá-las em contato com os próprios sentimentos e sensações, tanto emocionais quanto físicas, e depois as ajudam a imaginar como esses sentimentos e sensações existem nos outros, esses educadores conseguiram ensinar a empatia – não o que ela é, mas como tê-la. De acordo com o professor Richard Davidson e seus colegas da UW-Madison, a ideia de uma "conexão" – uma sensação subjetiva de cuidado e parentesco com outras pessoas, e não apenas com os parentes de fato – pode ser promovida. Na verdade, sua pesquisa foi tão positiva que ele fundou o Centro para Mentes Saudáveis, o qual apoia escolas em todo o país que tentam usar essas técnicas para construir conexão entre nossos futuros cidadãos.[16]

Vamos fazer isso e iniciar com um currículo para cidadãos, que começa com empatia e avança para a solidariedade e assim por diante, formando cidadãos responsáveis e cumpridores de seus deveres a partir dos três anos de idade.

Conclusão

Se a minha mensagem é tão importante, tão vital para o mundo como eu a faço parecer, por que aquilo que proponho ainda não foi feito? Por que é necessário que seja feito agora? Os últimos anos de isolamento nos mostraram o motivo, pois vivemos o período que talvez acabe sendo o mais cataclísmico do século – entre 2020 e 2022 –, durante o qual os governos nos decepcionaram e nós, em vez deles, agimos. Lagos, a organização do BLM, associações de ajuda mútua e outros exemplos que explorei nestas páginas são pontos de partida significativos e reais. A questão agora é entender que esses não devem ser caminhos ou movimentos excepcionais diante da brutalidade ou dos desastres, mas parte da nossa abordagem cotidiana à vida. As sementes dessa abordagem estão aí, no presente e em nossas histórias.

Os incêndios florestais no sudoeste dos Estados Unidos são, muitas vezes, incontroláveis, e a destruição que trazem é devastadora. Eles eram assim em julho, enquanto sobrevoava as colinas do norte do Novo México, a caminho do Instituto Santa Fé, um lugar que acabaria inflamando minha imaginação e plantando algumas das sementes para este livro.

Chegando ao aeroporto, por um segundo cheguei a indagar se precisava trocar de moeda. Eu havia voado de Boston, mas parecia estar chegando em outro país. Do lado de fora, construções baixas de adobe pontuavam a terra seca. Eu pousava naquele momento, não no inferno de uma zona de conflito, mas em um castelo de areia no meio do deserto.

Enquanto rumava para o Instituto Santa Fé (ou SFI), olhava para aquela terra estranha e lembrava de Amy, uma estudante de Harvard, uma jovem descendente da tribo navajo. Em algum lugar lá fora, pensei, estava a casa dela. E me lembrei de um momento em nosso seminário quando alguém se referiu a ela como uma estadunidense nativa. "Bem", ela disse, com naturalidade, "eu sou indígena. Para nós, se alguém se denominasse um estadunidense nativo, pareceria um idiota".

Identidades – as maneiras como as pessoas se percebem e percebem os outros – são, aqui e em todo lugar, múltiplas e contestadas. Campos de batalha ainda persistem, mas são intangíveis e internos. A areia é toda silenciosa, mas continua a narrar contos muito complexos. No Novo México, ela certamente faz isso, mas também em Chicago e em Nova Orleans. E em Tel Aviv, Jaipur e Lima.

As identidades talvez sejam a parte mais desafiadora da civilidade, de ser cidadão. Não finjo, por um momento sequer, que o que proponho aqui nestas páginas, nosso trabalho conjunto, será fácil. Para nos unirmos espontaneamente e nos ajudarmos mutuamente, primeiro precisamos ter um senso de nós mesmos, e poucos de nós o têm de fato.

Eu sei que os projetos mencionados neste livro, bem como as minhas seis ideias para fazer a democracia funcionar na atualidade, podem parecer excepcionais e utópicas, custosas e arriscadas, ou, pior ainda, insignificantes. No entanto, ao acreditar nisso, ao descartar de imediato quaisquer ideias como as minhas por serem radicais, utópicas ou inadequadas demais, corremos um risco ainda maior: perder experimentos cruciais que poderiam trazer mudanças há muito necessárias. Podemos continuar a reclamar, ou podemos começar a assumir riscos necessários por nossa própria iniciativa. É hora de dar um basta à cultura interminável do protesto, ao bloqueio do governo usando violência e interrupção quando estamos insatisfeitos com a política e o Estado.

Pode ter havido um momento na história propício para a desobediência civil, com certeza. Mas chegou a hora da obediência civil – não a uma autoridade ou Estado, mas a nós mesmos.

Pesquisas realizadas nas ciências sociais, nas quais me baseei para escrever estes capítulos, demonstraram que existem dois elementos básicos necessários para que as comunidades prosperem e sobrevivam, mesmo diante de crises e mesmo sem a presença de governos: resiliência e adaptação. Estas são as características que precisamos fortalecer e nutrir hoje em dia. Devemos incentivar nossa capacidade, como indivíduos, de nos unirmos espontaneamente em comunidades que sejam resilientes e adaptáveis. Através dos seis passos, dos seis pilares de cidadania que delineei aqui, acredito que podemos fazer um bom começo.

Será difícil. Mas nunca foi tão necessário. Ao longo dos últimos anos, perdemos nosso senso de identidade, nosso senso de comunidade, como resultado de processos simultâneos que viram nossos espaços públicos fecharem em decorrência da pandemia e fizeram nossos telefones e computadores ficarem sobrecarregados com informações globais. Nossa lealdade a grupos pequenos e locais, antes fundamentais para nossas identidades, está em fluxo. Embora isso possa ter o efeito positivo de nos tirar de enclaves paroquiais, também significa que somos mais desafiados a nos definir e a saber onde nos sentimos confortáveis por realmente nos sentirmos confortáveis, e não porque algum algoritmo nos diz que sim. Sem dúvida, fomos abalados pelos fracassos dos governos, mas também pelos fracassos de alguns dos nossos grupos sociais mais visíveis, com escândalos de abuso sexual que abalaram entidades tão diversas quanto a Igreja Católica, Hollywood e a equipe de ginástica olímpica dos Estados Unidos. A confiança em nossos grupos, em nossas próprias comunidades, despencou.

Os desastres também desafiaram nosso compromisso com as comunidades, desde terremotos no Haiti e no Japão até incêndios florestais na Califórnia. Da violência armada em Orlando e em quase todos os lugares nos Estados Unidos, aos ataques terroristas em Paris, Londres e

Boston, fomos forçados a nos afastar uns dos outros por uma questão de sobrevivência e a pensar, em primeiro lugar, em nós mesmos. As crises continuarão; haverá mais. Mas essa não é a história toda, nem deveria ser. Mostramos também um compromisso incrível com a raça humana nesses tempos sombrios.

Uma das melhores explicações sobre a mudança – sobre como acontece a mudança fundamental – veio de alguém que certamente deveria entendê-la: o virologista e criador da vacina contra a poliomielite, Jonas Salk, que utilizou um simples esquema da curva sigmoide para ilustrar como ele acreditava que as populações mudavam. Imaginemos uma forma de S alongada, em que o início da mudança é lento e plano, como a parte inferior do S, e o final da mudança também é lento e plano, como a parte superior do S. Mas o meio, aquele meio crucial, em que a letra se inclina para cima e faz uma curva diferente, é a parte principal da mudança: é ali, no ponto de inflexão, que ela ocorre; e o faz de maneira acentuada e rápida, e é também ali que a resistência à mudança é mais forte.[1] E é exatamente nesse lugar que nos encontramos.

Outro esquema de letra também pode nos ajudar a entender. Dessa vez, imagine uma letra J alongada, com uma descida lenta antes de uma ascensão longa. Há muito, cientistas têm usado a curva J para explicar muitos tipos de mudança, desde a eficácia de tratamentos médicos até o crescimento econômico e o comércio internacional. Mas um dos usos mais interessantes da curva J para ilustrar mudanças sociais foi publicado por um ex-colega de pós-graduação, Joel Hellman, no final da década de 1990.[2]

Testemunha das experiências dolorosas de reformas econômicas e políticas simultâneas nos países pós-comunistas após a queda do Muro de Berlim, Hellman queria examinar por que tantos desses países pós-comunistas viram suas reformas ficarem pela metade. Citando a curva J, ele explicou que a maioria dos trabalhos analíticos documentava a privação relativa como a causa. Isso significa que as pessoas que sofrem com os programas de austeridade governamental, com as privatizações repentinas e rápidas da indústria estatal e com outras reformas consideradas necessárias para criar uma economia de mercado experimentavam um impacto negativo em suas vidas no curto prazo, antes que melhorias ocorressem, antes que pudessem colher quaisquer benefícios. Acreditava-se que essas pessoas ficariam tão frustradas a ponto de bloquearem as reformas, impedindo que fossem mais longe, e assim as recompensas nunca chegariam. Era uma teoria plausível, mas o que Joel descobriu engenhosamente com sua pesquisa foi que quem bloqueava mais reformas, impedindo que as coisas melhorassem e deixando de subir pela curva do J, não eram os perdedores de curto prazo, que sofriam na parte inferior da curva. Pelo contrário, Joel descobriu que foram os vencedores de curto prazo, aqueles que se beneficiavam dos aluguéis privados e das distorções iniciais do período de mudança rápida, os poucos que colhiam benefícios com as dificuldades dos outros, que bloqueavam reformas adicionais. O desafio, ele concluiu, não era tanto marginalizar os perdedores e isolar os governos de seus protestos, mas incluir os perdedores e controlar esses vencedores gananciosos de curto prazo.

Não tenho dúvida de que todas as mudanças que proponho neste livro levarão a muitas curvas J, curvas sigmoides, distorções e interrupções, e a ganhadores gananciosos de curto prazo, e assim por diante; *pelo menos* a curto prazo. A mudança traz resistência, não apenas daqueles que estão prestes a perder, mas também daqueles que estão prestes a ganhar precocemente. A única solução, portanto, é permitir que essa mudança aconteça não como uma estratégia elitista de cima para baixo, mas como um acordo cooperativo baseado na comunidade de baixo para cima, que inclua os perdedores e vencedores de curto prazo e os una ao longo do processo para completar a curva, de modo que todos possam colher os benefícios quando eles, por fim, chegarem.

Para fazer isso, precisamos abraçar a desordem útil da natureza humana e seu poder de se autorregenerar. A natureza, deixada por conta própria e com as condições certas, os incentivos certos, encontrará ordem. Essa natureza pode ser ecossistemas, bolhas em uma placa de Petri e até mesmo pessoas em uma comunidade. Quando agentes externos, como governos, aparecem e acreditam que estão ajudando ao criar regras, leis e constituições, muitas vezes atrapalham, pois sempre tentaram fornecer ordem por meio da estabilidade e do controle, no lugar de incentivos para a aprendizagem e cooperação espontânea. Agora, mais do que nunca, é a nossa chance de criar e construir essa boa e verdadeira ordem – que seja dinâmica e responsiva, que surja espontaneamente, que nunca, mas nunca, seja estática.

Este livro não deve ser confundido com um apelo ao neoliberalismo não qualificado ou à anarquia, embora o leitor possa encontrar semelhanças na medida em que os experimentos mais bem-sucedidos e justos dentro dessas ideologias dependem da ordem espontânea. O que eu visualizo não deve ser confundido com a invasão de prédios governamentais ou o tipo de desobediência civil que paralisa comunidades inteiras, pois a verdadeira cidadania não compartilha nada das ideologias extremistas por trás de movimentos disruptivos e destrutivos. Pelo contrário, as seis ideias heterodoxas destas páginas destinam-se ao trabalho conjunto, de forma incremental, porém cumulativa e construtiva, para aumentar nossa resiliência como cidadãos, ajudando-nos a ser tudo, menos forças paralisantes; fornecendo maneiras reais de criarmos uma forte conexão com um lugar e uns com os outros, sem a violência e suas irmãs malignas. Se conseguirmos realizar apenas uma parcela das propostas deste livro, aumentaremos nossa capacidade de nos adaptar até mesmo aos cenários mais adversos, com solidariedade e compaixão. E, talvez um dia, até mesmo com justiça para todos.

Os céticos ainda perguntarão se é realmente possível que nosso apego fanático à ordem tenha nos impedido de ter uma "boa vida" ou, pelo menos, tornou mais difícil alcançá-la. Sim, respondo. Até que todos sintamos, de verdade, a necessidade de criar, espontaneamente, uma ordem dinâmica para nós mesmos, nunca seremos obedientes o bastante à ordem e às regras impostas de cima para baixo. Tucídides, o grande historiador de Atenas e Esparta, já estava certo, cerca de 400 anos antes de Cristo, quando alertou que a natureza humana estava "sempre pronta para transgredir", mesmo onde existem leis.[3] Ao dizer isso, torno-me uma dissidente no mundo da lei e da ordem, um mundo que defendo há décadas. É com a natureza humana que devemos começar e fazer o trabalho árduo. O potencial está lá.

Meu plano requer ação em seis áreas, ou pilares, os quais, juntos, podem tecer uma teia de responsabilidade e formar a base para uma cidadania cooperativa para todos nós. Todos esses pilares se unem para contribuir para nossa independência amigável do Estado *e* para nossa dependência uns dos outros. Eles se sobrepõem e se sustentam mutuamente – pois, ao fracassarmos em uma área, é provável que fracassemos nas demais. A divisa entre esses pilares não é rígida, nem as soluções. Contudo, quando começamos a trabalhar para resolver os problemas em uma área, um pilar da cidadania, estamos no caminho para resolver problemas em todos.

Por que não usamos este momento em nossa história como um catalisador para formar cidadãos reais, uma verdadeira sociedade civil, que nunca existiu nem poderia existir em nível global, até agora? Portanto, quando o próximo desafio surgir (porque surgirá, e em breve), poderemos dizer: "Estamos preparados". E, dessa vez, poderemos afirmar isso com convicção.

Agradecimentos

Tenho tantas pessoas para agradecer, e ainda mais para culpar, pela possibilidade que me deram de escrever e materializar este livro. Preciso me restringir aqui a apenas uma lista pequena de nomes, ou correr o risco de tornar esta seção mais longa que o próprio texto, embora, na verdade, assim devesse ser. Espero sinceramente, embora de maneira pouco elegante, que aqueles que sabem como e onde me ajudaram ao longo da minha jornada, concretamente ou de outra forma, saibam o quanto sou devedora e grata a eles. Desde os muitos alunos e colegas com quem tive o privilégio de trabalhar ao longo dos anos até os especialistas em direito, formuladores de políticas e cidadãos comuns que me acolheram em seus espaços, narraram histórias importantes, que foram contadas aqui, e compartilharam refeições comigo: obrigada a todos vocês. Quaisquer erros, é claro, permanecem sendo meus.

Mark Tushnet leu o manuscrito inteiro e manteve um diálogo importante comigo ao longo dos anos. Alexis Kirschbaum e Jasmine Horsey, na Bloomsbury, e T. J. Kelleher, na Basic, acreditaram o suficiente neste projeto para decidir levá-lo adiante, e eles e suas equipes o tornaram muito melhor. Sou muito grata a toda a equipe da Bloomsbury, incluindo Lauren Whybrow, Anna Massardi, Akua Boateng e Molly

McCarthy. Mas nada disso teria sido possível sem minha incrível agente: Emma Bal.

Este livro é dedicado aos meus filhos, Raphael e Demara, com gratidão simplesmente por existirem e por acolherem minha abordagem pouco convencional para praticamente tudo. É por eles, por sua geração de jovens cidadãos e as que estão por vir, na esperança de uma vida mais cooperativa, que planto estas modestas sementes.

Sobre a autora

Cindy Skach é professora de Política na Universidade de Bolonha. Anteriormente, foi professora de Direito no King's College London e professora de Direito Comparado na Universidade Oxford, após lecionar na Universidade Harvard por quase uma década como professora associada e assistente no Departamento de Governo. Continua a ser membro vitalício do corpo docente dos colégios Wolfson e Brasenose, em Oxford.

Cada vez mais cética sobre o que a lei pode e deve fazer para estabelecer uma boa governança e, de forma mais abrangente, uma boa vida para todos, ela continua a refletir, escrever e falar sobre essas questões.

Skach nasceu e foi criada perto de Chicago, formou-se em Evanston (Universidade Northwestern, bacharelado com louvor), Sevilha, Nova York (Universidade Columbia, mestrado em Filosofia), Heidelberg (DAAD/Fulbright), Oxford (doutorado em Filosofia) e Santa Fé (SFI). Ocupou posições de professora visitante, obteve bolsas de pesquisa e absorveu as culturas de muitos lugares, incluindo Estados Unidos, Alemanha, Espanha, França, Brasil, Chile e Rússia. Realizou também trabalhos de campo e pesquisas em arquivos nesses e em outros países, da Nicarágua à Argentina e às Ilhas Comores.

É autora de artigos acadêmicos, capítulos de livros e outras obras em inglês e outros idiomas. Seu livro *Borrowing Constitutional Designs*

(Princeton University Press, 2005) recebeu o Prêmio Georges Lavau da Associação Americana de Ciência Política no ano em que foi publicado e permanece sendo seu último livro acadêmico que defende leis e constituições específicas antes de sua conversão. Skach também recebeu prêmios por seu ensino em Harvard e Oxford e apresentou suas pesquisas ao redor do mundo, proferindo palestras para líderes governamentais atuais e antigos diretamente e por meio de organizações como o Club de Madri, um clube pró-democracia fundado pelo falecido Mikhail Gorbachev. Ela detém o título de "Professora Comum" em Bolonha e agora deseja dedicar seu trabalho aos cidadãos comuns.

Ela divide seu tempo entre Oxford e Bolonha.

Notas

Prefácio

1 A literatura sobre o federalismo, seus prós, contras e variedades é vasta. Um dos defensores do federalismo assimétrico, com base em suas pesquisas na Índia e em outros lugares, foi Alfred Stepan; cf. STEPAN, A. Federalism and Democracy: Beyond the US Model. *Journal of Democracy*, v. 10, n. 4, 1999.
2 Alguns trabalhos influentes sobre a descentralização espanhola e a sua ligação com a democracia podem ser encontrados em: LINZ, J. J.; STEPAN, A. *Problems of Democratic Transition and Consolidation*: Southern Europe, South America and Post-Communist Europe. Baltimore: Johns Hopkins University Press, 1996.
3 Disponível em: https://www.refworld.org/pdfid/517521334.pdf. Acesso em: 7 jun. 2024.
4 Outros levantaram questões e preocupações com relação aos transplantes jurídicos, incluindo: PERJU, V. Constitutional Transplants: Borrowing and Migrations. In: ROSENFELD, M.; SAJÓ, A. (ed.). *The Oxford Handbook of Comparative Constitutional Law*. Oxford: Oxford University Press, 2012. p. 1304-1327.

Introdução

1 STEPAN, A.; SKACH, C. Constitutional Frameworks and Democratic Consolidation: Parliamentarianism versus Presidentialism. *World Politics*, v. 46, n. 1, out. 1993. Fornecemos algumas das primeiras evidências, mas foi Juan Linz, da Universidade Yale, quem começou a escrever e apresentar os artigos que instigaram nossa investigação. Outros trabalhos que apoiam essas afirmações incluem: PRZEWORSKI, A.; ALVAREZ, M. E.; CHEIBUB, J. A.; LIMONGI, F. *Democracy and Development*: Political Institutions and Well-Being in the World, 1950-1990. Cambridge: Cambridge University Press, 2000. Alguns estudiosos discordaram da nossa linha de argumentação e suas correlações, incluindo: Cheibub, J. A. Presidentialism and Democratic Performance. In: REYNOLDS, A. (ed.). *The Architecture of Democracy*: Constitutional Design, Conflict Management, and Democracy. Oxford: Oxford University Press, 2002.

2 Cf. o índice de Gini na Plataforma de Pobreza e Desigualdade do Banco Mundial, disponível em: data.worldbank.org. Para fins de comparação, o coeficiente do Brasil foi de 52,9 em 2021; da França, 30,7 em 2020; da Noruega, 27,7 em 2019; do Reino Unido, 32,6 em 2020; e dos Estados Unidos, 39,7 em 2020.

3 A esse respeito, cf. o trabalho de Paulo Sergio Pinheiro, jurista brasileiro e ex-secretário de Estado dos Direitos Humanos no governo do presidente Fernando Henrique Cardoso.

4 Conforme abordado em meu texto: *Borrowing Constitutional Designs*: Constitutional Law in Weimar Germany and the French Fifth Republic. Princeton: Princeton University Press, 2005.

5 Os exemplos incluem M. Rainer Lepsius, um sociólogo e estudioso alemão com interesse especial em Max Weber, no nacionalismo alemão e na ascensão dos nacionais-socialistas.

6 Minha entrevista com ela está detalhada em meu texto: Russia's Constitutional Dictatorship: A Brief History. *University of Miami International and Comparative Law Review*, 2021.

7 O'DONNELL, G. A. Delegative Democracy. *Journal of Democracy*, v. 5, n. 1, p. 55-69, 1994.

8 Algumas dessas informações são detalhadas em publicações do Centro Europeu para os Direitos dos Roma. Cf., por exemplo: Hungary: What's Actually New About Viktor Orbán's Latest Racist Outburst? *ERRC*, 29 jul. 2022. Disponível em: https://www.errc.org/news/hungary-whats-actually-new-about-viktor-orbans-latest-racist-outburst. Acesso em: 7 jun. 2024.

9 Um relato revelador que descreve os resultados positivos, a longo prazo, da Primavera pode ser encontrado em: FELDMAN, N. *The Arab Winter*: A Tragedy. Princeton: Princeton University Press, 2020.

10 Cf. o convincente artigo de Paolo Maurizio Talanti: Alika Is Our George Floyd. *Vogue* (edição italiana), 2 ago. 2022.

11 Para uma análise histórica recente de artigos relacionados a saúde mental, psicologia e liderança, cf.: WEIL, P. *The Madman in the White House*. Cambridge: Harvard University Press, 2023.

12 Disponível em: https://worldjusticeproject.org/rule-of-law-index/. Acesso em: 7 jun. 2024. Dados do Projeto Justiça Mundial sobre o Estado de Direito, que avaliou 140 países e jurisdições no mundo inteiro e, em 2022, constatou retrocesso na maioria dos países nesse conjunto de 140 medidas que se baseiam em seus critérios do que constitui um Estado de direito; eles incluíam a responsabilização dos líderes, o nível de justiça e de clareza das leis, o bom funcionamento das restrições ao poder governamental e a ausência de corrupção.

13 OECD Trust in Government Survey 2021. Essa enquete, que examinou a opinião de cerca de 50 mil cidadãos em 22 países da OCDE, concluiu que a confiança e a desconfiança no governo estão divididas em parcelas iguais, com 41,4% afirmando que confiam no seu governo nacional e 41,1% dizendo que não confiam. Disponível em: https://www.oecd.org/newsroom/governments-seen-as-reliable-post-pandemic-but-giving-citizens-greater-voice-is-critical-to-strengthening-trust.htm. Acesso em: 7 jun. 2024.

14 Cf. IPSOS. Interpersonal Trust Across the World. mar. 2022; foram entrevistados habitantes de 30 países.

15 Cf., por exemplo, os trabalhos: LEVITSKY, S.; ZIBLATT, D. *Como as democracias morrem*. São Paulo: Zahar, 2018; MILIBAND, E. *Go Big*: How to Fix Our World. Londres: Bodley Head, 2021.

16 Cf. os dados em: FREEDOM HOUSE. Freedom in the World 2023: Marking 50 Years in the Struggle for Democracy.
17 CHAPPELL, B. Protesting Racism Versus Risking COVID19: "I Wouldn't Weigh These Crises Separately". *NPR News*, 1 jun. 2020.

Cap. 1. Lições da lei

1 Existem claramente muito mais nuances do que sou capaz de detalhar nessas narrativas, pois os mitos de criação das nações e culturas estão todos imbuídos de importantes sutilezas linguísticas, históricas, subculturais, entre outras, que os especialistas conseguem decifrar. No que tange à Coreia, uma das fontes mais citadas na língua inglesa é Boudewijn Walraven. Cf., em particular, o livro editado por Robert E. Buswell Jr. (Religions of Korea in Practice. Princeton: Princeton University Press, 2007), que inclui ensaios de Walraven e de outros.
2 Cf., por exemplo, BIERHORST, J. *The Mythology of Mexico and Central America*. Nova York: William Morrow and Co., 1990.
3 Cf. este fascinante trabalho: KRAMER, S. N. *History Begins at Summer*: Thirty-Nine Firsts in Recorded History. Filadélfia: University of Pennsylvania Press, 1988.
4 MERRY, S. E. Law: Anthropological Aspects. *In*: SMELSER, N. J.; BALTER, P. B. (ed.). *International Encyclopedia of the Social and Behavioural Sciences*. Oxford: Pergamon Press, 2001.
5 Essa é, pelo menos, a perspectiva de Ronald M. Dworkin em: The Model of Rules. *University of Chicago Law Review*, v. 35, n. 14, 1967-1968. Para obter mais informações, cf. o debate publicado entre Lon Fuller e H. L. A. Hart: HART, H. L. A. Positivism and the Separation of Law and Morals. *Harvard Law Review*, v. 71, n. 4, p. 593-629, fev. 1958; FULLER, L. L. Positivism and Fidelity to Law – A Reply to Professor Hart. *Harvard Law Review*, v. 71, n. 4, p. 630-672, fev. 1958.
6 Douglas C. North, Prêmio Nobel de Economia, foi talvez o primeiro a se referir às leis como restrições criadas pelo homem, em seu artigo: Institutions. *Journal of Economic Perspectives*, v. 5, n. 1, p. 97-112, 1991.
7 Uma discussão importante sobre o constitucionalismo, como conceito, pode ser encontrada em: McILWAIN, C. H. *Constitutionalism*: Ancient and Modern. Ithaca: Cornell University Press, 1947.
8 A obra *Leviatã, ou Matéria, forma e poder de um Estado eclesiástico e civil*, de Thomas Hobbes, foi publicado em 1651 e continua sendo, até hoje, um texto fundamental na teoria política e jurídica.
9 Essa é uma classificação superficial, extraída da linha do tempo mais detalhada que pode ser vista em comparaconstitutionsproject.org, bem como em: ELKINS, Z.; GINSBURG, T.; MELTON, J. *The Endurance of National Constitutions*. Nova York: Cambridge University Press, 2009.
10 CÍCERO. *Sobre os deveres*, citação do Livro III, parágrafos 26-28.
11 ZIMMERMANN, R. *The Law of Obligations*: Roman Foundations of the Civilian Tradition. Clarendon Press, 1996.
12 Continuo grata a Robert Amdur por me alertar sobre esse episódio e sua conexão importante com o que quero dizer aqui.
13 Cf. Proudhon, P.-J. *General Idea of the Revolution in the Nineteenth Century*. Anodos Books, [1923] 2018.

14 Cf., para começar: POLANYI, M. *The Logic of Liberty*. Chicago: University of Chicago Press, 1951.
15 *The Book of Chuang Tzu*. Londres: Penguin Books, 2006.
16 Ou o que Donald Lutz prefere chamar de "autopreservação, sociabilidade irrestrita e inovação benéfica". Cf. LUTZ, D. *Principles of Constitutional Design*. Nova York: Cambridge University Press, 2006; MURPHY, W. F. *Constitutional Democracy*: Creating and Maintaining a Just Political Order. Baltimore: Johns Hopkins University Press, 2007; bem como minha análise do trabalho deles em *International Journal of Constitutional Law*, v. 7, n. 1, jan. 2009.
17 Cf. os argumentos em: DORF, M. C. The Aspirational Constitution. *The George Washington Law Review*, v. 77, n. 5/6, set. 2009; MICHELMAN, F. Socioeconomic Rights in Constitutional Law: Explaining America Away. *International Journal of Constitutional Law*, v. 6, n. 3/4, jul./out. 2008.
18 TILLY, C. *Stories, Identities and Political Change*. Rowman & Littlefield, 2002.
19 IMMERGUT, E. M. Institutions, Veto Points, and Policy Results: A Comparative Analysis of Health Care. *Journal of Public Policy*, v. 10, n. 4, p. 391-416, 1990.
20 Exibido pela primeira vez em 1979, interpretado por Lynn Ahrens. Décadas mais tarde, uma nota de esclarecimento afirma: "Esse segmento sobre o sistema de limitações e responsabilidades do nosso governo foi finalizado, mas não foi transmitido durante vários anos, devido à preocupação de que alguns políticos pudessem ficar ofendidos pela comparação jocosa com o circo". Cf. YOHE, T.; NEWALL, G. *Schoolhouse Rock!*: The Updated Official Guide. Los Angeles; Nova York: Hyperion, 2023.
21 A origem real da citação é contestada; cf. LUXENBERG, S. A Likely Story... And That's Precisely the Problem. *Washington Post*, 17 abr. 2005.

Cap. 2. Não faça o que o seu mestre mandar

1 Isto não significa ignorar o trabalho catalisador que foi feito para encorajar as mulheres a se manifestarem, sobretudo o premiado trabalho investigativo das repórteres do *New York Times* Jodi Kantor e Megan Twohey, compilado e publicado no Brasil como: *Ela disse: os bastidores da reportagem que impulsionou o #MeToo*. Tradução de Débora Landsberg, Denise Bottmann, Isa Mara Lando e Julia Romeu. São Paulo: Companhia das Letras, 2019.
2 John M. Carey, entre outros estudiosos, discordou durante décadas das críticas ao presidencialismo, sugerindo nuances importantes. Mas até ele concluiu que, com base em uma série de indicadores, as democracias parlamentares apresentam um desempenho melhor. Cf. o artigo dele: Did Trump prove that governments with presidents just don't work? *Washington Post*, 4 fev. 2021.
3 Cf. o relato disponível em: https://www.ledauphine.com/faits-divers-justice/2020/07/21/grenoble-deux-enfants-sautent-d-un-balcon-pour-echapper-a-un-incendie. Acesso em: 7 jun. 2024.
4 TUFEKCI, Z. *Twitter and Teargas*: The Power and Fragility of Networked Protest. New Haven: Yale University Press, 2017.
5 Disponível em: https://www.latimes.com/opinion/opinion-la/la-oe-newton-column--occupy-la-and-the-city-council-20111024-column.html. Acesso em: 7 jun. 2024.
6 Destaco aqui o trabalho pioneiro de Frances Haugen e Sophie Zhang, duas cientistas de dados corajosas que expuseram alguns dos problemas das redes sociais e defenderam uma maior regulamentação. À primeira vista, seus apelos a essa maior regulamentação

parecem colidir com o meu desencanto com esse tipo de controle, mas talvez também seja consistente com ele: concentre as regras, os regulamentos e a supervisão naqueles elementos da nossa sociedade com maior probabilidade de abusar de suas posições privilegiadas – como as empresas –, deixando o trabalho auto-organizado e espontâneo da vida cotidiana para o restante de nós.

7 LOHMANN, S. The Dynamics of Informational Cascades: The Monday Demonstrations in Leipzig, East Germany, 1989-91. *World Politics*, n. 47, out. 1994.

8 Nas ciências sociais, existem teorias e debates relevantes sobre como tudo isso acontece, se existe uma cascata de informação – um processo de duas etapas em que os indivíduos primeiro decidem se agirão, ou não, e depois de observar outros que agiram antes deles, eles agem –, ou se é mentalidade de rebanho. Obviamente, durante períodos de crise, a questão de saber por que razão os indivíduos agem contra a sua própria racionalidade (por exemplo, quando podem ser feridos ou presos) faz com que paremos para perguntar o que os motiva e se existe algo mais profundo no desejo de autopreservação dos seres humanos. É aqui que nós e as bolhas podemos divergir, uma vez que as cascatas de informação, tais como as bolhas, podem ser modeladas por fórmulas matemáticas; e, no entanto, nós, ao contrário das bolhas, temos emoções que podem nos induzir a nos comportarmos de formas não previstas pela matemática, mas que mesmo assim podem ser racionais.

9 FRITZ, C. E. Disasters and Mental Health: Therapeutic Principles Drawn from Disaster Studies. *University of Delaware Disaster Research Center*, série n. 10, 1996. O artigo foi escrito em 1961, mas por várias razões, explicadas no prefácio, foi publicado somente 35 anos mais tarde.

10 *Ibid.*, pág. 4.

11 Para saber sobre o valor dos poderes de emergência e ler uma discussão matizada que inclui a defesa da ditadura romana feita por Maquiavel, cf. FEREJOHN, J.; PASQUINO, P. The Law of the Exception: A Typology of Emergency Power. *I.CON*, v. 2, n. 2, p. 210-239, 2004.

12 Cf. SOUTHWICK, S. M. *et al.* (ed.). *Resilience and Mental Health*. Cambridge: Cambridge University Press, 2011; há uma discussão matizada em: CARRICO, A. R. *et al.* Social Capital and Resilience to Drought Among Smallholding Farmers in Sri Lanka. *Climate Change*, n. 155, p. 195-213, 2019. Cf. tb. SVENDSEN, G. T.; SVENDSEN, G. L. (ed.). *Handbook of Social Capital*: The Troika of Sociology. Northampton: Political Science and Economics; Edward Elgar, 2008.

13 SOLNIT, R. *A Paradise Built in Hell:* The Extraordinary Communities That Arise in Disaster. Nova York: Penguin, 2009. p. 312.

14 Foi assim que a privacidade foi descrita de forma famosa pelos juristas Samuel Warren e Louis Brandeis em seu texto: The Right to Privacy. *Harvard Law Review*, 1890.

15 Delay to free school meal extension "shameful", EIS union says. *BBC*, 27 dez. 2022. Disponível em: https://www.bbc.com/news/uk-scotland-64097565. Acesso em: 7 jun. 2024.

16 Cf. estudo publicado em 2022 por Rebecca O'Connell, da UCL, no Reino Unido, e por seus colegas, em Lisboa e na Noruega, em *European Societies*, v. 24.

17 Cf. as estatísticas citadas em documentos governamentais disponíveis em: oxfordfoodhub.org. Acesso em: 7 jun. 2024.

18 Uma proponente dessa forma de experimentalismo democrático é Hélène Landemore (*Open Democracy*: Reinventing Popular Rule for the Twenty-First Century. Princeton:

Princeton University Press, 2020). Cf. tb. a discussão em: MANSBRIDGE, J. et al. Representing and Being Represented in Turn – A Symposium on Hélène Landemore's *Open Democracy*. *Journal of Deliberative Democracy*, v. 18, n. 1, p.1-12, 2022.
19 Cf. seu livro: *Democracy Without Shortcuts*: A Participatory Conception of Deliberative Democracy. Oxford; Nova York: Oxford University Press, 2020; bem como a crítica de Robert Goodin em: Between Full Endorsement and Blind Deferenc. *Journal of Deliberative Democracy*, v. 16, n. 2, 2020.
20 HOLT-LUNSTAD, J.; SMITH, T. B.; LAYTON, J. B. Social Relationships and Mortality Risk: A Meta-analytic Review. *PLOS Medicine*, v. 7, n. 7, e1000316, 27 jul. 2010. Disponível em: https://journals.plos.org/plosmedicine/article?id=10.1371/journal.pmed.1000316. Acesso em: 7 jun. 2024.
21 Cf. a apresentação de Dunbar na *EPSIG UK*, 15 fev. 2022. Cf. também Don't Believe Facebook: You Only Have 150 Friends. *All Things Considered*, *NPR*, 5 jun. 2011.
22 Um trabalho clássico sobre esse assunto é o de James Gleick: *Chaos*. Nova York: Vintage, 1997; cf. tb. MITCHELL, M. *Complexity*: A Guided Tour. Nova York: Oxford University Press, 2011.
23 Um dos primeiros a propor uma fórmula matemática desse tipo, não das bolhas do Guinness em si, mas de uma estrutura de espuma bidimensional, foi o brilhante John von Neumann. Cf. seu artigo de 1952 em: *Metal Interfaces*. Cleveland: American Society for Metals, 1952. p. 108-110.
24 Uma análise histórica importante é feita em: BRACHER, K. D. *The German Dictatorship*: The Origins, Structure and Consequences of National Socialism. Penguin Books, 1991.
25 SKACH, C. L. *Borrowing Constitutional Designs*. Princeton: Princeton University Press, 2005.
26 Existe um debate fundamental, e de longa data, sobre a relação entre direito e moralidade. O meu objetivo não é abordar esse tema em detalhes aqui, mas um dos contribuidores contemporâneos para esse debate, que aborda exemplos importantes e recentes, é o jurista sul-africano/canadense David Dyzenhaus. Cf., por exemplo, *Hard Cases in Wicked Legal Systems*: Pathologies of Legality. Oxford: Oxford University Press, 2010.

Cap. 3. Exerça seus direitos, mas com responsabilidade

1 A antropóloga francesa Annie Lebeuf foi uma das primeiras antropólogas a apreciar as nuances do matriarcado em África e inseri-lo mais diretamente no discurso acadêmico.
2 Charlie Savage, do *New York Times*, encontrou e publicou alguns dos memorandos de Kagan, incluindo aquele que é crucial para esse caso, em seu artigo de 3 de junho de 2010, intitulado "In Supreme Court Work, Early Views of Kagan".
3 COVER, R. M. Violence and the Word. *The Yale Law Journal*, v. 95, n. 8, p. 1601-1629, jul. 1986.
4 FULLER, L. L. The Case of the Speluncean Explorers. *Harvard Law Review*, 1949.
5 Boy Who Refused Blood Transfusion Dies. *CBSnews.com*, 30 nov. 2007. Disponível em: https://www.cbsnews.com/news/boy-who-refused-blood-transfusion-dies/. Acesso em: 7 jun. 2024.
6 *BBC*, 1 out. 2004.
7 Aqui a analogia do dilema do prisioneiro, e sobretudo o papel que os valores desempenham nas decisões de cooperar ou desertar, é instrutiva. Cf., por exemplo, PARFIT, D. Prudence, Morality and the Prisoner's Dilemma. *Annual Philosophical Lecture* (série

Henrietta Herz Trust), 1978. Um aspecto importante e uma diferença crucial do dilema do prisioneiro é que ele não pode se comunicar com seus pares.

8 Cf. FELBAB-BROWN, V. Conceptualizing Crime as Competition in State-Making and Designing an Effective Response. *Brookings Institution: Commentary*, 21 maio 2010. Cf. tb. TILLY, C. War Making and State Making as Organised Crime. *In*: EVANS, P.; RUESCHEMEYER, D.; SKOCPOL, T. (ed.). *Bringing the State Back In*. Cambridge: Cambridge University Press, 1985.

9 ...*E Justiça para Todos*. Columbia Pictures, 1979.

10 Cf. seu livro *Justice: What's the Right Thing to Do?* (Nova York: Farrar, Straus and Giroux, 2009), o qual se baseia em seu curso popular para alunos de graduação.

11 Disponível em: https://publications.parliament.uk/pa/ld200506/ldjudgmt/jd060524/oxf-1.htm.

12 NIMBY é a sigla em inglês para a expressão "Not in my back yard" ("Não no meu quintal", em tradução livre). Essas questões são claramente complexas, com argumentos razoáveis e menos razoáveis de ambos os lados, mas todos ilustram o problema de respeitar os direitos dos outros, e muitas das partes envolvidas nesses problemas NIMBY não conseguem levar em consideração as perspectivas dos outros, talvez porque esses problemas tendem a ser estruturados como questões de soma zero, com vencedores e perdedores claros. Cf. análise recente disponível em: https://www.nytimes.com/2022/06/05/business/economy/california-housing-crisis-nimby.html. Acesso em: 7 jun. 2024.

13 LITTLE, R. Anger at Nature of Trap Grounds. *Oxford Mail*, 14 jan. 2009.

14 BEEBEEJAUN, Y. Gender, Urban Space, and the Right to Everyday Life. *Journal of Urban Affairs*, v. 39, n. 3, p. 323-334, 2017. Cf. tb. seu volume editado: *The Participatory City*, Berlim: Jovis Verlag, 2016.

15 O Tribunal Constitucional Federal da Alemanha apresentou um dos vários exemplos daquilo que poderia ser uma solução criativa para a questão controversa sobre o aborto. Tendo de satisfazer tanto a maioria cristã na Alemanha quanto, após a reunificação, os alemães orientais que viveram, durante décadas, com uma compreensão diferente e, em certos aspectos, mais progressista do aborto, o tribunal decidiu em 1993 que ele não é legal, mas também não deve ser punido em certas circunstâncias.

16 Cf. algumas das tentativas de controlar isso em: JOBIN, A.; LENCA, M ; VAYENA, E. The Global Landscape of AI Ethics Guidelines. *Nature Machine Intelligence*, set. 2019.

17 Disponível em: https://www.climavore.org.

18 ANDERSON, B. *Imagined Communities*. Nova York: Verso, 1983. p. 35.

19 Cf. seu livro *Strategy of Economic Development*. New Haven: Yale University Press, 1958.

20 Cf. o relato de Maria Cramer: What Happened When a Brooklyn Neighborhood Policed Itself for Five Days. *New York Times*, 4 jun. 2023. Acesso em: 7 jun. 2024.

21 Cf. os detalhes em https://camba.org.

22 DAHL, R. A. *Polyarchy: Participation and Opposition*. New Haven: Yale University Press, 1971.

23 Os meus antigos colegas Steven Levitsky e Daniel Ziblatt são exemplos de acadêmicos que se concentraram nas instituições e nas práticas institucionais. Por mais importantes que sejam, sinto, no entanto, que as respostas não estão aqui. Cf. *Como as democracias morrem*. São Paulo: Zahar, 2018 de ambos e a igualmente importante resenha do historiador David Runciman em: *Guardian*, 24 jan. 2018.

24 TVERSKY A.; KAHNEMAN, D. The Framing of Decisions and the Psychology of Choice. *Science*, v. 211, jan. 1981.

25 O economista James Andreoni foi um dos primeiros a usar o termo "efeito caloroso". Cf., por exemplo: Giving With Impure Altruism. *Journal of Political Economy*, v. 97, 1989.
26 Nos Estados Unidos, cf. Masterpiece Cakeshop, Ltd. *et al. vs.* Colorado Civil Rights Commission *et al.*, decisão proferida em 4 de junho de 2018. No Reino Unido, cf. Lee *vs.* Ashers Baking Company Ltd., decisão proferida em 10 de outubro de 2018.
27 Entrevista comigo por aplicativo de mensagens, em 11 de fevereiro de 2022.

Cap. 4. Passe algum tempo em uma praça, repetidamente

1 HABERMAS, J. The Public Sphere: An Encyclopedia Article (1964) [traduzido por Sara Lennox e Frank Lennox]. *New German Critique*, n. 3, p. 49-55, 1974.
2 Para ler um dos relatos mais vívidos que ligam o passado aos dias de hoje, cf.: RENNIX, A.; ABRAHAM, S. Trial by Combat and the Myths of Our Modern Legal System. *Current Affairs*, fev. 2021; ELEMA, A. *Trial by Battle in France and England*. Esta última é a tese de doutorado da medievalista Ariella Elema, apresentada à Universidade de Toronto em 2012, na qual Rennix e Abraham se baseiam.
3 *Ibid.*
4 MARSHALL, J. Lawyers, Truth and the Zero-Sum Game. *Notre Dame Law Review*, v. 47, n. 4, p. 919, 1972.
5 Cf. as opiniões majoritárias e divergentes na Suprema Corte dos Estados Unidos: Dobbs, State Health Officer of the Mississippi Department of Health, *et al. vs.* Jackson Women's Health Organization *et al.*, proferidas em 2022. Disponível em: https://www.supremecourt.gov/opinions/21pdf/19-1392_6j37.pdf. Acesso em: 7 jun. 2024.
6 Em algumas áreas do direito, existe um movimento gradual e constante em direção à mediação, uma vez que as batalhas judiciais de soma zero, as demoras e outras características da via jurídica frustram muitos de todos os lados.
7 BRECHT, B.; STEFFIN, M. *Mãe Coragem e os seus filhos*. 1939.
8 FUSCH, R. The Piazza in Italian Urban Morphology. *Geographical Review*, citação da p. 424, out. 1994.
9 Cf. a interessante palestra de David Harvey no C.C.C.B., disponível em: https://www.cccb.org.
10 A história do Mangrove é o foco do primeiro episódio da série recente *Small Axe*, do artista visual Steve McQueen, na Amazon.
11 Cf. o relato detalhado em: BUNCE, R.; FIELD, P. *Renegade*: The Life and Times of Darcus Howe. Londres: Bloomsbury, 2021.
12 Neil Kenlock, entrevista com a autora por *e-mail* via Emelia Kenlock, 23 nov. 2020.
13 Um incidente conhecido como o escândalo do cavalo de Troia ou a controvérsia das escolas de Birmingham de 2014 continua a ser debatido por jornalistas, políticos e residentes. Uma avaliação recente é oferecida por Sonia Sodha: The Trojan Horse Affair: How Serial Podcast Got it so Wrong. *Guardian: Opinion*, 20 fev. 2022. Disponível em: https://www.theguardian.com/commentisfree/2022/feb/20/the-trojan-horse-affair-how-serial-podcast-got-it-so-wrong. Acesso em: 7 jun. 2024.
14 Disponível em: https://skateboardgb.org/habito-skateboard-gb-grassroots-skatespaces.
15 THE BRITISH ACADEMY. The COVID Decade: understanding the long-term societal impacts of COVID-19. 2021.
16 Essa expressão deriva do título do estudo de Bob Putnam sobre o declínio da vida associativa americana e as suas implicações para a democracia. Cf. PUTNAM, B. *Bowling*

Alone: The Collapse and Revival of American Community ("Jogando boliche sozinho: o colapso e a recuperação da comunidade nos Estados Unidos", em tradução livre). Nova York: Simon & Schuster, 2000.

17 O próprio site de Michael Chwe tem vários links para este e outros trabalhos dele, incluindo seu livro: *Rational Ritual*. Princeton: Princeton University Press, 2001. Veja em: http://chwe.net/michael/. Acesso em: 7 jun. 2024.

18 Disponível em: https://newsroom.ucla.edu/stories/ucla-faculty-voice-social-media-enhances-the-power-of-common-knowledge. Acesso em: 7 jun. 2024.

19 Informações adicionais sobre o projeto podem ser encontradas em https://www.mycallisto.org.

20 PUTNAM, B.; LEONARDI, R.; NANETTI, R. *Making Democracy Work*: Civic Traditions in Modern Italy. Princeton: Princeton University Press, 1993.

21 BERMAN, S. Civil Society and the Collapse of the Weimar Republic. *World Politics*, abr. 1997.

22 HABERMAS, J. Public Sphere: An Encyclopedia Article (1964).

23 Cf. sua obra *The Theory of the Leisure Class*. Nova York: Macmillan, 1899.

24 O trabalho de Kern visa a não apenas identificar os problemas, mas também sugerir soluções. Cf. *Feminist City*: Claiming Space in the Man-made World. Londres; Nova York: Verso, 2020.

25 SCHROEDER, K. *et al*. Trauma-informed neighborhoods: Making the built environment trauma-informed. *Preventive Medicine Reports*, 2021.

26 Com relação a essa questão, o trabalho sobre capacidades realizado por Amartya Sen e Martha Nussbaum certamente inspirou as minhas ideias. Cf. SEN, A.; NUSSBAUM, M. *The Quality of Life*. Oxford: Clarendon Press, 1993.

27 SWEET, E. L. (ed.). *Disassembled Cities*: Spatial, Social and Conceptual Trajectories Across the Urban Globe. Londres: Routledge, 2019.

28 Cf., por exemplo, o comunicado de imprensa da Organização Mundial da Saúde: COVID-19 pandemic triggers 25% increase in prevalence of anxiety and depression worldwide. 2 mar. 2022.

29 CORBIN, A. *A History of Silence*: From the Renaissance to the Present Day. Traduzido do original francês por Jean Birrell. Cambridge; Medford: Polity Press, 2018, citação do prefácio.

30 *Ibid*.

31 Cf. a discussão de Sandel sobre Aristóteles em seu *Justice: What's the Right Thing to Do?*, sobretudo o capítulo 8.

32 PLATTS-FOWLER, D.; ROBINSON, D. Community resilience: a policy tool for local government? *Local Government Studies*, v. 42, n. 5, 2016.

33 Disponível em: https://www.cdc.gov/violenceprevention/aces/riskprotectivefactors.html.

34 Sobre essa ideia de encarnação, pensemos no trabalho de Antonio Damásio, ou, mais recentemente, no de Andy Clark. Cf. uma análise crítica de suas ideias escrita por Larissa MacFarquhar: The Mind-Expanding Ideas of Andy Clark. *The New Yorker*, 26 mar. 2018.

35 SARAT, A. Situating Law Between the Realities of Violence and the Claims of Justice. *In*: SARAT, A. (ed.). *Law, Violence, and the Possibility of Justice*. Princeton; Woodstock: Princeton University Press, 2001, p. 3.

Cap. 5. Cultive seus próprios tomates e os compartilhe

1 Cf. Suray Prasad Sharma Dhungerl *vs.* Godavari Marble industries and others. *Suprema Corte de Nepal*, 31 de outubro de 1995.
2 Um estudo fascinante sobre o leite cru nos Estados Unidos e, sobretudo, em Vermont pode ser encontrado na tese de doutorado de Andrea M. Suozzo, de 2015, intitulada *Pasteurization and its Discontents: Raw Milk, Risk, and the Reshaping of the Dairy Industry*, elaborada na Universidade de Vermont.
3 O projeto de Nearing foi objeto de certas críticas. Cf. a versão dele e de sua esposa em: NEARING, S.; NEARING, H. *The Good Life*. Nova York: Schocken Books, 1989.
4 PENNIMAN, L. *Farming While Black*: Soul Fire Farm's Practical Guide to Liberation on the Land. White River Junction; Londres: Chelsea Green Publishing, 2018.
5 TREE, I., *Wilding*: The Return of Nature to a British Farm. Londres: Picador, 2018.
6 Existem exemplos por todo lado, mas consideremos um caso tão complexo como o da região de Banat, na Romênia. Lá, investigadores demonstraram o seguinte: "A diversidade étnico-cultural local perdura há cerca de 250 anos no condado de Timis e em toda a região de Banat, sem conflitos ou remodelações estruturais profundas [...] Essa diversidade é animada pela coexistência, pela coparticipação e por intercâmbios interculturais, com a preservação das identidades locais e da pluralidade regional. Isso cria as condições para garantir a equidade na vida social das autoridades locais e para a participação na tomada de decisões, independentemente da cultura ou da etnia". Cf. os dados em BERCEANU, I.; POPA, N. A Sample of Resilient Intercultural Coexistence in Ethnic Hungarian, Serbian and Bulgarian Communities in Western Romania. *Social Sciences*, 2022, citação da p. 21.
7 Disponível em: https://www.theguardian.com/environment/ng-interactive/2021/jul/14/food-monopoly-meals-profits-data-investigation. Acesso em: 7 jun. 2024.
8 Disponível em: https://www.washingtonpost.com/business/2020/04/28/trump-meat-plants-dpa/. Acesso em: 7 jun. 2024.
9 LAKHANI, N. Trump officials and meat industry blocked life-saving COVID controls, investigation finds. *Guardian*, 12 maio 2022. Disponível em: https://www.theguardian.com/environment/2022/may/12/meatpacking-industry-trump-downplay-covid-threat. Acesso em: 7 jun. 2024.
10 Disponível em: https://ediblecutteslowe.garden.
11 PENNIMAN, L. *Farming While Black*.
12 Disponível em: https://assemblestudio.co.uk/projects/granby-fourstreets-2.
13 Disponível em: https://assemblestudio.co.uk/projects/granby-workshop.
14 PETTORELLI, N.; DURANT, S. M.; TOIT, J. T. du. (ed.). *Rewilding*. Cambridge; Nova York: Cambridge University Press, 2019.
15 NATIONAL RESEARCH COUNCIL. *The Public Health Effects of Food Deserts*: Workshop Summary, Washington: National Academies Press, 2009.
16 "The Pharmacist will see you now": Use community pharmacists differently to reduce pressures on GPs. Comunicado à imprensa, Universidade de Bath, 12 jul. 2023.

Cap. 6. Consuma "comida étnica" regularmente

1 Cf., por exemplo, ALEXANDER, M. *The New Jim Crow*: Mass Incarceration in the Age of Colourblindness. Londres: Penguin, 2019.
2 Disponível em: https://www.gov.uk/government/news/new-poll-finds-7-in-10-adults-want-social-media-firms-to-do-more-to-tackle-harmful-content. Acesso em: 7 jun. 2024.

3 GELLNER, E. *Nations and Nationalism*. Nova York: New York University Press, 1998.
4 SAMBANIS, N. Ethnic Partition as a Solution to Ethnic War: An Empirical Critique of the Theoretical Literature. *Banco Mundial*, 21 jun. 2013.
5 Cf. o ensaio deles: Outlaw Women: An Essay on *Thelma and Louise*. In: DANIELSEN, D.; ENGLE, K. (ed.). *After Identity*. Nova York; Londres: Routledge, 1995.
6 Cf. KEIR MONTEITH, K. C. *et al*. *Racial Bias and the Bench*: A response to the Judicial Diversity and Inclusion Strategy (2020–2025). Manchest: Universidade de Manchester, nov. 2022.
7 Mundialmente, a opinião pública em 2015 estava dividida, com cerca de um terço dos indivíduos a favor da diminuição da imigração, um terço opinando que ela deveria permanecer igual e um terço opinando que deveria aumentar. Cf. a página Public Opinion on Migration, no Migration Data Portal, atualizada em 13 de abril de 2021.
8 Uma análise fantástica é a de James Attlee: *Isolarion*: A Different Oxford Journey. Black Swan, 2009.
9 WHITNEY, C. R. Rightists Play Immigrant Card in French Town. *New York Times*, 16 jun. 1995.
10 Cf. FEARON, J. D.; LAITIN, D. D. Explaining Interethnic Cooperation. *American Political Science Review*, v. 90, n. 4, dez. 1996.
11 TENDLER, J. *Good Government in the Tropics*. Baltimore: Johns Hopkins University Press, 1997.
12 SINGH, P. *How Solidarity Works for Welfare*: Subnationalism and Social Development in India. Cambridge: Cambridge University Press, 2016.
13 Cf. o relato de Laidre em: The Social Lives of Hermits. *Natural History*, p. 24-29, 2014.
14 SCHELLING, T. C. Models of Segregation. *The American Economic Review*, v. 59, n. 2, p. 488-493.
15 Cf. o capítulo dela em: BALKIN, J. M. (ed.). *What "Brown v. Board of Education" Should Have Said*. Nova York: New York University Press, 2001.
16 BALKIN, J. M. (ed.). *What "Brown v. Board of Education" Should Have Said*, p. 199.

Cap. 7. Comece isso tudo muito cedo, por volta dos três anos de idade

1 Cf. o discurso marcante de Kimberly Jones, "The Social Contract Is Broken!", no YouTube, 2020.
2 Troca de e-mails, 3 jul. 2023. Cf. tb. sua obra *A School Built on Ethos*: Ideas, Assemblies and Hard-Won Wisdom. Crown House Publishing, 2021.
3 Disponível em: https://www.reggiochildren.it/en/reggio-emilia-approach/timeline-en/.
4 Disponível em: https://www.remida.org.
5 Cf. OLWEUS, D. *et al*. *Olweus Bullying Prevention Program Teacher's Guide*. Center City: Hazelden, 2007.
6 *Ibid.*, p. 89.
7 Cf. VECCHI, V. *Art and Creativity in Reggio Emilia*: Exploring the Role and Potential of Ateliers in Early Childhood Education. Londres; Nova York: Routledge, 2010. p. 53.
8 *Ibid.*
9 Disponível em: https://ethics.org.au/big-thinker-martha-nussbaum/.
10 Disponível em: https://makespaceforgirls.co.uk/vienna/.
11 Disponível em: https://www.koopadventureplayground.com/single-post/2020/01/27/Opportunity-to-join-KOOPs-Team. Acesso em: 13 ago. 2022.

12 BRUSSONI, M. et al. What is the Relationship between Risky Outdoor Play and Health in Children? A Systematic Review. *International Journal of Environmental Research and Public Health*, 8 jun. 2015.
13 Disponível em: https://playandplaywork.com/2016/01/05/smap/; cf. também o vídeo do jogo em ação, disponível em: https://www.youtube.com/watch?v=sQVWRb4SSdc. Acesso em: 7 jun. 2024.
14 Como o antropólogo Clifford Geertz, cujo artigo famoso sobre "jogo profundo" tomou emprestada a ideia do filósofo Jeremy Bentham. Em sua essência, o jogo era "absorvente" porque as apostas eram tão altas que um agente racional não as faria. Talvez esse seja o segredo para compreender a razão pela qual ainda não aconteceu uma reforma abrangente e profunda da educação. Cf. GEERTZ, C. Notes on the Balinese Cockfight. *In: The Interpretation of Cultures*. Nova York: Basic Books, 1973.
15 FUCHS, E.; FLÜGGE, G. Adult Neuroplasticity: More Than 40 Years of Research. *Neural Plasticity*, 2014. Um dos primeiros a demonstrar a existência da neuroplasticidade em cérebros tanto de animais jovens como de adultos foi Mark Rosenzweig, cujo trabalho lançou as bases para grande parte da pesquisa feita hoje nessa área. Um relato pessoal extraordinário, embora controverso, também pode ser encontrado em: DOIDGE, N. *The Brain That Changes Itself*. Londres: Penguin Books, 2008.
16 Disponível em: https://centerhealthyminds.org.

Conclusão
1 Alguns de seus trabalhos foram publicados, a exemplo de: SALK, J.; SALK, J. *A New Reality*: Human Evolution for a Sustainable Future. Stratford: City Point Press, 2018.
2 HELLMAN, J. Winners Take All: The Politics of Partial Reform in Post-Communist Transitions. *World Politics*, v. 50, n. 2, jan. 1998.
3 TUCÍDIDES. *History of the Peloponnesian War*. Penguin. Tradução de Rex Warner com introdução e notas de M. I. Finley. Citação do Livro III, parágrafo 84.